はじめに

校内研究と結び付けるカリキュラム・マネジメント

国士舘大学　教授
澤井 陽介

　教員の勤務実態の一部が公表され、教育界においても働き方改革が叫ばれている昨今です。アクティブ・ラーニングやカリキュラム・マネジメントなど、昔から言われている事項が「新しい用語」となって影響力を増し、先生方の多忙感に拍車をかけている面もあるのかもしれません。

　しかし、教師の本分は授業にあり、授業改善・授業構想への努力は削減してはならない仕事の筆頭です。そのことは、ここであらためて言うまでもなく、日々子供と向かい合う仕事をしている先生方は切実に感じ理解していることと思います。

　その一方で、各学校の教育現場で全力で働く先生方だからこそ、効果的・効率的に授業改善の取組を進めたいと思っていることも事実でしょう。

　そのようななか、横浜国立大学教育学部附属鎌倉小学校（以下「本校」といいます）では、今求められているアクティブ・ラーニングとカリキュラム・マネジメントを効果的・効率的に結び付ける取組を行っています。しかも校内研究という枠組みのなかで地道に進めています。

　附属小学校の先生方だからできるのだという声もあるかもしれません。しかし、現在の全国の附属小学校には、とても若い経験年数の多くない先生方がたくさんいます。大都市部の公立学校の現状と変わりありません。本校もそんな学校の一つです。若手の先生方が試行錯誤しながら進めてきています。

　本書は、そんな若い力で進める本校の取組を紹介し、全国の先生方に校内研究や授業改善の進め方、カリキュラム・マネジメントへの取りかかり方など、本校の取組姿勢や取組経過を少しでも参考にしていただきたくまとめたものです。

　まだまだ完成へは遠い道のりかもしれませんが、校内研究ですから当然です。本校の取組が全国の学校に勇気を与えることを大いに期待しています。

　結びに、本校の熱心な取組をお認めくださり本書の発刊にご尽力くださった東洋館出版社の皆様、とりわけ編集にご支援くださった高木聡氏にこの場をお借りして心より感謝申し上げます。

平成30年6月吉日

「深い学び」のカリキュラム・デザイン
目次

001
はじめに

第1章
理論編

006
「深い学び」のカリキュラム・デザイン
澤井陽介　国士舘大学教授

1
新学習指導要領におけるカリキュラム・マネジメント

2
カリキュラム・デザインと校内研究

3
横浜国立大学教育学部附属鎌倉小学校の取組の実際

020
教育現場におけるカリキュラム・デザイン
鈴木遼輔　横浜国立大学教育学部附属鎌倉小学校（以下、同）

1
学校教育目標と本校で育成を目指す資質・能力

2
単元等を基本にしたデザインシート

3
資質・能力の育成を明確にした年間指導計画

4
各行事において育てたい資質・能力を明確にする

5
研究の歩み

6
研究のまとめ

第 2 章
実践編

全教科共通の展開
教科テーマと
育成を目指す資質・能力
↓
単元配列表
↓
授業設計
↓
授業展開

028
国語科 （古閑賢二／直島博和／前西里恵）

036
社会科 （鈴木遼輔／小倉健太郎）

044
算数科 （押味亨／宮島弘志／山本順一／益田昌弘）

052
理　科 （阿部二郎／小澤 遼）

060
生活科 （德山敬倫／末原絵美）

068
音楽科 （佐藤俊直／黒沼駿一）

076
図画工作科 （竹田まどか／吉田雄一）

084
家庭科 （篠谷友美）

092
体育科 （矢邉洋和／伊東誠司）

100
外国語科 （葛西朗子）

108
総合的な学習の時間 （鴨谷誉人）

116
附属鎌倉小学校　研究とその魅力
河村卓丸　副校長

119
附属鎌倉小学校研究本　—発刊にあたって—
木村昌彦　校長

第1章

理論編

|新|学|習|指|導|要|領|

「深い学び」のカリキュラム・デザイン

国士舘大学教授／前・文部科学省初等中等教育局視学官 **澤井陽介**

1 新学習指導要領におけるカリキュラム・マネジメント

　新学習指導要領では、あらためてカリキュラム・マネジメントの重要性が指摘され、各学校の取組が求められている。そのことは「小学校学習指導要領総則」（平成29年3月告示）においても次のように示されている。

> 4　各学校においては、児童（生徒）や学校、地域の実態を適切に把握し、教育の目的や目標の実現に必要な教育の内容等を教科横断的な視点で組み立てていくこと、教育課程の実施状況を評価してその改善を図っていくこと、教育課程に必要な人的又は物的な体制を確保するとともにその改善を図っていくことなどを通して、教育課程に基づき組織的かつ計画的に各学校の教育活動の質の向上を図っていくこと（以下「カリキュラム・マネジメント」という。）に努めるものとする。　　　　　　　　　　　　　　（　）内は中学校

　そもそもカリキュラム・マネジメントとはどのようなものであるのか。これまでにも識者から次のような見解が示されている。

> ●各学校が、学校の教育目標をよりよく実現するために組織としてカリキュラムを創り、動かし、変えていく、継続的かつ発展的な課題解決の営み（田村）[1]
> ●各学校において、総合的な教育計画である教育課程を核にして、各教科等の教育内容の組織化など編成を図り、経営資源の投入や協働を促すなど諸条件の効果的な活用を通して、学校教育目標の実現を目指す営み（天笠）[2]

[1]　田村知子「カリキュラム・マネジメントの考え方と方法」『教育展望』臨時増刊 No. 48、一般財団法人教育調査研究所、2016 年
[2]　天笠茂「これからのカリキュラム・マネジメントの方向性」、文部科学省『初等教育資料』平成 28 年 4月号

　両氏の説明は、多少の表現の違いはあるものの、学校の教育目標の実現に向けて教育課程（カリキュラム）の編成や改善を行うという大きな方向は共通している。やはり、このことがカリキュラム・マネジメントの骨格であろう。

　また、先の学習指導要領総則では、必要な人的又は物的な体制の確保までが描かれていることを踏まえれば、今後は、天笠氏の言う「諸条件の効果的な活用」までを視野に入れたものとして捉えることも大切になってくるのであろう。田村氏も上記の説明に伴い、家庭・地域社会等や行政との連携・協働の大切さを強調している。

⑴　カリキュラム・マネジメントを考える際のポイント

　そこで、なぜ今あらためてカリキュラム・マネジメントが求められているのか、その背景を考えてみたい。次の4点を挙げることができる。これらが、今後カリキュラム・マネジメントを考えていく際の重要なポイントになるのではないだろうか。

①カリキュラム・マネジメントの目的が示されたこと。
②カリキュラム・マネジメントの視点や側面が示されたこと。
③各教科等で育成を目指す資質・能力が整理されたこと（目標の明確化）。
④時間のマネジメントの必要性が強調されたこと。

＊本稿では、その趣旨から④「時間のマネジメント」については割愛するとともに、③を②に組み込み、①と②を中心に説明したい。

①カリキュラム・マネジメントの目的が示されたこと

　まず注目すべきは、学習指導要領総則において、カリキュラム・マネジメントの目的が「各学校の教育活動の質の向上を図っていくこと」と示されたことである。中央教育審議会の議論の中で「カリキュラム・マネジメントは年度末に管理職が行うもの」と捉えられている傾向があるという指摘があった。いわゆる学校評価に基づく次年度計画の作成のことであろう。

　そこで総則では、計画の作成を目的とするのではなく、最終的な目的は「全教職員の参加によって教育活動の質の向上を図っていくこと」であると明示したのである。

　したがって、どうすれば学校の教育目標の実現に向けて教育活動の質が向上するのかを全教職員で考えていくことが大切になるのである。このことは、あらためて各学校の教育目標がどのような子供を育てようと意図したものになっているか、そのためにどのような教育活動が重要であるかをあらためて教職員一丸となって考える必要があることを意味している。

　ここで少々考えてみたい。各学校には「教育目標」がある。しかし、その多くは「よく考える子」「思いやりのある子」「健康な子」など、知・徳・体を簡潔な表現で表したものが多いのではないだろうか。一方、新学習指導要領の下、各教科等の目標は「知識及び技能」「思考力、判断力、表現力等」「学びに向かう力、人間性等」（以下「資質・能力の三つの柱」という）に整理されている。

　知・徳・体の重要性については総則においても示され、これまでと大きく変わるものではないが、少なくとも目標として「育成を目指す資質・能力」については、知・徳・体を指針とした整理にはなっていない。各学校の教育目標がカリキュラム・マネジメントを通して目指す目標であるとすれば、「ネジレ」が生じるのではないだろうか。

　そのことについて中央教育審議会答申（平成28年12月）（以下「答申」という）では、次のように述べられている。

- 学校教育目標については、（中略）、学校や地域が創り上げてきた文化を受け継ぎつつ、子供たちや地域の変化を受け止め、子供たちにどのような資質・能力を育成していくかという観点から不断の見直しや具体化が求められるところである。＊3
- 今後、こうした資質・能力を学校段階別に整理して明確化していくことによ

り、各学校等がこれらを基にしながら、自校の教育目標や育成を目指す資質・能力を明確にしていけるようにすることが求められる。＊4

＊3　第4章　2 (2)「資質・能力の育成を目指した教育課程と教科等のつながり」
＊4　第5章　6「資質・能力の育成と、子供たちの発達やつながり」

　これらの記述からは、各学校の教育目標について、資質・能力の三つの柱に沿った見直しや具体化が求められていることが分かる。

　さて、教育目標の見直しや変更となると、学校としては一大事業になる。もちろん、そのことに取り組むことができればそれに越したことはない。しかし、各学校の教育目標は、その学校の歴史や伝統に彩られた重みのある言葉である。教育目標を変更するということは校歌を変えるような大きな変更を意味することになってしまい、容易くないのではないだろうか。したがって現実的には、各学校の教育目標とは別に「本校で育成を目指す資質・能力」を三つの柱に沿って描き出すことが肝要なのではないだろうか。

　その際、参考になるのが、答申において説明されている以下の三つの姿である。

(1)　発達の段階に応じた生活の範囲や領域に関わる物事について理解し、生活や学習に必要な技能を身に付けるようにする。

(2)　情報を捉えて多角的に精査したり、問題を見いだして他者と協働しながら解決したり、自分の考えを形成し伝え合ったり、思いや考えを基に創造したりするために必要な思考力、判断力、表現力等を育成する。

(3)　伝統や文化に立脚した広い視野をもち、感性を豊かに働かせながら、よりよい社会や人生の在り方について考え、学んだことを主体的に生かしながら、多様な人々と協働して新たな価値を創造していこうする学びに向かう力や人間性等を涵養する。

　もちろん、このまま使える文言ではない。方向性を見極めたり要素をピックアップしたりする意味で参考とすることが考えられるということである。

②カリキュラム・マネジメントの視点や側面が示されたこと

　「視点」という文言は使用されていないが、下記の総則の構成に着目していただきたい。

　見て分かるととおり、総則の構成が次のようにカリキュラム・マネジメントの構成になっているのである。すなわち、

「何ができるようになるか」（目標）

　　　⇒そのために「何を学ぶか」（内容）、

　　　　　　　　「どのように学ぶか」（方法）

　　　　　　　　「子供の発達をどのように支援するか」（指導の在り方）

　　　　　　　　「実施するために何が必要か」（諸条件）

　　　　　　　　　　⇒「何が身に付いたか」（評価）（⇒改善へ）

資料1

学習指導要領（平成29年3月31日公示）における「第1章　総則」の構成

小(中)学校学習指導要領　※( )内は中学校
前文
第1章　総則
第1　小(中)学校教育の基本と教育課程の役割　[何ができるようになるか]
　1　教育課程編成の原則
　2　生きる力を育む各学校の特色ある教育活動の展開
　　(1)　確かな学力、　(2)　道徳教育、
　　(3)　体育・健康に関する指導
　3　育成を目指す資質・能力
　4　カリキュラム・マネジメントの充実
第2　教育課程の編成　[何を学ぶか]
　1　各学校の教育目標と教育課程の編成
　2　教科等横断的な視点に立った資質・能力の育成
　　(1)　学習の基盤となる資質・能力
　　(2)　現代的な課題に対応して求められる資質・能力
　3　教育課程の編成における共通的事項
　　(1)　内容の取扱い
　　(2)　授業時数の取扱い
　　(3)　指導計画の作成等に当たっての配慮事項
　4　学校段階等間の接続
　　(1)　幼児期の教育との接続及び低学年における教育全体の充実
　　〔(1)　義務教育9年間を見通した計画的かつ継続的な教育課程の編成〕
　　(2)　中学校教育及びその後の教育との接続
　　〔(2)　高等学校教育及びその後の教育との円滑な接続〕

第3　教育課程の実施と学習評価　[どのように学ぶか　何が身に付いたか]
　1　主体的・対話的で深い学びの実現に向けた授業改善
　　(1)　主体的・対話的で深い学びの実現に向けた授業改善
　　(2)　言語環境の整備と言語活動の充実
　　(3)　コンピュータ等や教材・教具の活用、コンピュータの基本的な操作やプログラミングの体験
　　(4)　見通しを立てたり、振り返ったりする学習活動
　　(5)　体験活動
　　(6)　課題選択及び自主的、自発的な学習の促進
　　(7)　学校図書館、地域の公共施設の活用
　2　学習評価の充実
　　(1)　指導の評価と改善
　　(2)　学習評価に関する工夫
第4　児童(生徒)の発達の支援　[子供の発達を　どのように支援するか]
　1　児童(生徒)の発達を支える指導の充実
　　(1)　学級経営、児童(生徒)の発達の支援
　　(2)　生徒指導の充実
　　(3)　キャリア教育の充実
　　(4)　指導方法や指導体制の工夫改善など子に応じた指導の充実
　2　特別な配慮を必要とする児童(生徒)への指導
　　(1)　障害のある児童(生徒)などへの指導
　　(2)　海外から帰国した児童(生徒)や外国人の児童(生徒)の指導
　　(3)　不登校児童(生徒)への配慮
第5　学校運営上の留意事項　[実施するために何が必要か]
　1　教育課程の改善と学校評価(，教育課程外の活動との連携)等
　2　家庭や地域社会との連携及び協働と学校間の連携
第6　道徳教育に関する配慮事項

となっているのである。

　これらの言葉によるサイクルを基に教育課程の見直し・改善を行えば、まさにカリキュラム・マネジメントである。このことを視点と表現したのである。これらは**資料1**のように図式化されて示されてもいる（答申資料）。

　したがって、カリキュラム・マネジメントを考える際、総則が道標となる。本来、総則は教育課程の編成と実施について記述されているものであるから当然と言えば当然である。

　また答申では、次の3点がカリキュラム・マネジメントの際の大切な側面になるとしている。

ア　各教科等の教育内容を相互の関係で捉え、学校の教育目標を踏まえた教科横断的な視点で、その目標の達成に必要な教育の内容を組織的に配列していく。

イ　教育内容の質の向上に向けて、子供たちの姿や地域の現状等に関する調査や各種データ等に基づき、教育課程を編成し、実施し、評価して改善を図る一連のPDCAサイクルを確立する。

ウ　教育内容と、教育活動に必要な人的・物的資源等を、地域等の外部の資源も含めて活用しながら効果的に組み合わせる。

ア　教科横断的な視点

　教科横断的な視点で教育課程を編成することは、これまでも「各教科等及び各学年相互間の連携を図り、系統的、発展的な指導ができるようにすること」（「学習指導要領総則」平成20年3月告示）などと重視されている。

　各学校においては、国際理解教育、環境教育、キャリア教育など様々な「○○

理論編　第1章　009

資料2

学習指導要領総則の構造とカリキュラム・マネジメントのイメージ

教育課程の構造や、新しい時代に求められる資質・能力の在り方、アクティブ・ラーニングの考え方等について、**すべての教職員**が校内研修や多様な研修の場を通じて理解を深めることができるよう、「何ができるようになるか」「何を学ぶか」「どのように学ぶか」の視点から学習指導要領の要であり、教育課程に関する基本原則を示す「総則」を抜本的に改善し、必要な事項を分かりやすく整理。

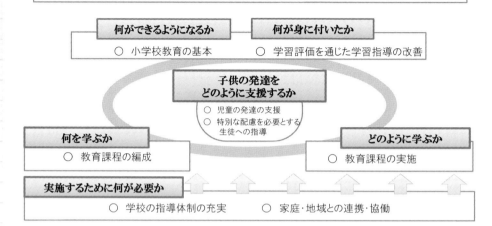

教育」の視点から各教科等の内容の関連的な指導を進めてきている。

新学習指導要領でも総則において、カリキュラム・マネジメントに関わって「教育の内容等を教科横断的な視点で組み立てていくこと」が示され、また「第2　教育課程の編成」に関わっても「教科等横断的な視点に立った資質・能力」として、言語能力、情報活用能力、問題発見・解決能力等の育成が求められている。

これらを結び付けて捉えると、上記の教育の「内容等」とは、○○教育の実践などに見られるクロス・カリキュラム的な内容の関連を指すだけでなく、各教科等の資質・能力の関連に目を向けることが大切であることが分かる。

新学習指導要領の下、各教科等の目標は下記のように整理された。

これが、ポイントの三つめ、③各教科等で育成を目指す資質・能力が整理されたこと（目標の明確化）である。

このことにより、各教科等の資質・能力をそれぞれの柱ごとに比べたりつなげたりしやすくなったと考えることができる。つまり、社会科の思考力、判断力、表現力等と理科や算数のそれらとを比べたりつなげたりして、○○教育で目指す（あるいは学校の教育目標として目指す）問題解決能力の要素を明確にしたり、総合的な学習の時間の目標（三つの資質・能力）をベースに○○教育の目標を各教科等の目標から導き出して構成したりすることが容易になったと捉えたらどうだろう。すなわち資質・能力の連携である。

○○教育に限らず、先に述べた学校の教育目標の実現に向けたカリキュラム・マネジメントにおいても、学校の教育目標（あるいは重点目標）が三つの資質・能力の柱で整理されている場合には、各教科等における資質・能力を相互に結び付けて捉えるようにすることで、マネジメントはより実現しやすくなるはずであ

資料3　各教科等の目標一覧（小学校段階）〈一部抜粋〉

教科等	目標	知識及び技能	思考力、判断力、表現力等	学びに向かう力、人間性等
国語科	言葉による見方・考え方を働かせ、言語活動を通して、国語で正確に理解し適切に表現する資質・能力を次のとおり育成することを目指す。	①日常生活に必要な国語の特質について理解し使うことができるようにする。	②創造的・論理的思考や感性・情緒を働かせて思考力や想像力を養い、日常生活における人との関わりの中で、国語で正確に理解したり適切に表現したりするとともに、新たな考えを創造する力を高めるようにする。	③言葉を通じて伝え合うよさを味わうとともに、言葉の大切さを自覚し、国語を尊重するようにする。
社会科	社会的な見方・考え方を働かせ、課題を追究したり解決したりする活動を通して、グローバル化する国際社会に主体的に生きる平和で民主的な国家及び社会の形成者に必要な公民としての資質・能力の基礎を次のとおり育成することを目指す。	①地域や我が国の地理的環境、現代社会の仕組みや働き、地域や我が国の歴史や伝統と文化を通して、社会生活について理解するとともに、調査や諸資料から情報を適切に調べまとめる技能を身に付けるようにする。	②社会的事象の特色や相互の関連、意味について多角的に考える力、社会に見られる課題を把握して、その解決に向けて社会への関わり方を選択・判断する力、思考・判断したことを適切に表現する力を養うようにする。	③社会的事象について、よりよい社会を考え課題を意欲的に解決しようとする態度を養うとともに、多角的な考察や理解を通して涵養される地域社会に対する誇りと愛情、我が国の国土や歴史に対する愛情、地域社会の一員としての自覚、世界の国々の人々と共に生きていくことの大切さの自覚を養うようにする。
算数科	数学的な見方・考え方を働かせ、数学的活動を通して、数学的に考える資質・能力を次のとおり育成することを目指す。	①数量や図形などについての基礎的・基本的な概念や性質などを理解するとともに、日常の事象を数理的に処理する技能を身に付ける。	②日常の事象を数理的にとらえ見通しをもち筋道を立てて考察する力、基礎的・基本的な数量や図形の性質などを見いだし統合的・発展的に考察する力や、数学的な表現を用いて事象を簡潔・明瞭・的確に表したり柔軟に表したりする力を養う。	③数学のよさに気づき、算数の学習を生活や学習に活用したり、学習を振り返ってよりよく問題解決したりする態度を養う。
理科	自然に親しみ、理科の見方・考え方を働かせ、見通しをもって観察、実験を行うことなどを通して、自然の事物・現象についての問題を科学的に解決するために必要な資質・能力を次のとおり育成することを目指す。	①自然の事物・現象に対する基本的な概念や性質の理解を図り、観察・実験等の基本的な技能を養う。	②見通しをもって観察・実験などを行い、問題解決の能力を養う。	③自然を大切にし、生命を尊重する態度、科学的に探究する態度、妥当性を検討する態度を養う。

理論編　第1章　011

る。

イ　PDCA サイクル

やはりカリキュラム・マネジメントの中核は PDCA である。このことは、答申においても「学校評価の営みはカリキュラム・マネジメントそのもの」として、「管理職のみならず全ての教職員が必要性を理解し、日々の授業等についても、教育課程全体の中での位置付けを意識しながら取り組む」ことの大切さが述べられていることからも分かる。

PDCA とは文字どおり、プラン（計画づくり）→ドゥー（実践）→チェック（考察・評価）→アクション（見直し・改善）のことであり、これを全校で行うことが大切である。

しかし、いきなり学校全体の教育課程について、PDCA で回そうと思っても難しい。資料4のように日々の授業改善、単元等の改善、各教科等の改善といった段階があるはずである。

教科等の改善については、年間の単元配列や教材・内容、活動などの計画をつくり、年度末などにその改善要素を加えることである。

しかし、これで十分とは言えない。そもそも、全体計画などの改善のためには、そのための具体的な材料が必要であり、それは日々の授業の中でしか見つからないからである。このような考え方を大事しないと、カリキュラム・マネジメントは、答申における指摘のように年度末の学校評価と教育課程編成のみにとどまることになる。

そこで、一人一人の教師が、カリキュラム・マネジメントにおける PDCA の発想を日頃からもつようにすることが必要であり、そのためには1時間（コマ）の授業改善や単元等（内容のまとまり）の授業改善において、そのトレーニングを積むことが必要なのである。

その際、特に大切なのは、単元等のマネジメントではないだろうか。教科等に

資料4

学校教育目標とその実現状況の評価と改善

教科横断的な○○教育の目標と
実現状況の評価と改善

教科等の目標、内容の評価と改善

単元等（内容のまとまり）の
目標、内容の評価と改善

1時間（コマ）の
目標、内容の評価と改善

よっては、単元ではなく「題材」と呼ぶ場合もある。共通していることは、1時間（コマ）ではなく、複数時間で構成されている「内容のまとまり」を指しているということである。すなわち1時間の授業とは異なる、中期的なマネジメントである。

マネジメントの基本は、目標の実現のために手段や方法を工夫・改善することである。すなわち、**資料5**のように、学習問題（課題、めあてなど）や学習活動、学習内容、学習評価等を関連付けて、目標の実現に向かう形をプログラムのようにイメージし、それぞれの有効性や効果などを検討する（P）。そして、実際に授業実践する（D）。実践を通して子供の学びの姿を記録したら、それを基にして授業の成果や課題を考察する（C）。そして、改善や一層の工夫が必要な事項を考慮して、改善案を考えるという流れである。

新学習指導要領では、「総則」においても「各教科」等においても、「単元や題材など内容や時間のまとまりを見通しながら」という文言が登場する。1時間（コマ）ではなく、子供の学びのプロセス（経験）を踏まえて複数時間で構成されている「内容のまとまり」を指している表現である。いわゆる主体的・対話的で深い学びの実現について、単元等のどこでどのように実現していくかを考えることも単元マネジメントの重要な視点である。

ウ　地域等の外部の資源の活用

地域社会の人々の協力を得るなど、社会に開かれた授業はこれまでも多くの小学校で行われてきた。そうした授業は、特に社会科や生活科、総合的な学習の時間などに多く見られた。特に社会科においては、地域など実社会に生きる人々を学習対象にして学ぶことを重視してきたため、産業界で活躍するAさんの姿を

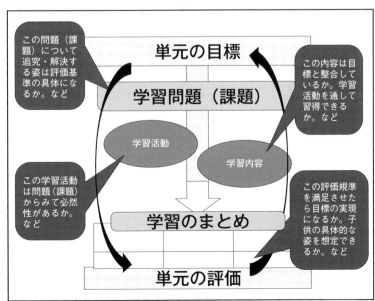

資料5

教材化したり、地域のことをよく知るBさんを招いて話を聞いたりする授業が多く見られる。また、行政や公共施設などから資料を送ってもらったり、インターネットなどを活用して関係機関が発行する資料をダウンロードしたりすることも多い。これら地域との連携や外部資源の活用は、引き続き大切である。

このことに関わって、小学校新学習指導要領「社会」では、「内容の取扱いについての配慮事項」の解説において次の事項を例示している。

●関係の機関や施設などとの連携を綿密にとること。
●施設の学芸員や指導員などから話を聞いたり協力して教材研究を行ったりして、指導計画を作成する手掛かりを得ること。
●特別活動の遠足・集団宿泊的行事や総合的な学習の時間における伝統や文化に関する学習活動などとの関連を指導計画に示すこと。
●地域の専門家や関係者、関係諸機関等と円滑な連携・協働を図ること、そうした人々と社会に見られる課題の解決に向けて意見交換をすること。
●学校支援地域本部などの活動と連携を図ること。

これらは、指導計画を作成したり授業を行ったりする上で、事前に連絡・調整すべきことであるが、もう一方で授業後にどのように残すかも大切である。

すなわち、これからのカリキュラム・マネジメントの大切な側面の一つは、こうした地域社会などとの連携体制や外部資源を授業者個人の財産にとどめずに、学校全体の資源とすることである。こうした連携体制の実現を地域の資源の活用として捉え、全校で共有するとともに、その目的や効果などを評価して、さらに改善を加えていくことが、カリキュラム・マネジメントにおける大切な側面である。

地域と連携さえすればよいわけではない。外部の人材を活用する場合にも打ち合わせなどに多くの時間がかかる。そのため目的や効果を吟味したり検証したりすることが必要不可欠である。また、外部の人材にとってのメリットが全くない場合には、連携は長く続かない。双方に同等のメリットがあるという境地にまでは至らなくとも、互いのニーズを踏まえるという姿勢はこれからますます大切になるはずである。

文字どおり「社会に開かれた教育課程」を実現するための重要な糸口である。

2 カリキュラム・デザインと校内研究

カリキュラム・マネジメントという言葉を使うときの「カリキュラム」とは、広義では学校行事や課外活動などを含めた教育計画全体を指すものであろうが、本稿では「各教科等の指導計画」と狭義に解釈して捉え、その中核となるカリキュラム・デザインを「各教科等の指導計画の構想であり、それぞれの教科等の目標（育成を目指す資質・能力）や指導上の工夫などを含むもの」と規定し、カリキュラム・デザインを校内研究などを通して学校全体で進める際のポイントについて整理

したい。

(1) カリキュラム・デザインの階層

各教科等の指導計画には、次の3つの階層が考えられる。

①各教科等の関連を踏まえた学校としての全体計画
②各教科等ごとの年間単元（題材）配列
③各教科等ごとの単元（題材）計画

①各教科等の関連を踏まえた学校としての全体計画

学校としての全体計画は、各教科等の学習指導要領に基づき、使用する教科用図書の指導計画などを参考しながら、②の各教科等ごとの年間単元（題材）配列を作成し、その上で各教科等の相互の関連を意識して配列を並べ替えたり重点化したりして作成されることが多い。

並べ替えたり重点化したりする際の基準には、その学校としての重点目標や全校で取り組む○○教育などのテーマなどが考えられる。したがって、各教科等の目標（育成を目指す資質・能力）を明示しておくことが大切である。

②各教科等ごとの年間単元（題材）配列

各教科等ごとの年間単元（題材）配列は、上記の①を視野に入れ、①⇔②と行きつ戻りつしながら構想されることが望ましい。その際、各教科等の相互の関連は、主として「内容」に傾斜がかかるため、単元名のみではなく指導する主な内容を明示しておくことが大切である。

③各教科等のごとの単元（題材）計画

各教科等のごとの単元（題材）計画は、どの程度詳しく書くかにもよるが、1単元1ページくらいでまとめておくと見やすいのでお勧めである。その際、資料5に示したように、目標と指導（課題、内容、活動など）と評価の一貫性を吟味することが大切である。

(2) カリキュラム・デザインの重要性

では、なぜカリキュラム・デザインが必要なのか。これまでもやってきたではないかという先生方も少なくないのではないだろうか。

日本の教師は「教える」ことがうまいと言われる。特に一定規模以上の集団への指導技術は、諸外国の教師と比較しても秀逸であるという評価が聞こえている。しかし、「育てる」ことはどうであろうか。育てるということは、何かを教えて終わりではない。時間をかけて子供の中に養われていくようにすることである。まして、これからの教育は「育成を目指す資質・能力」を明確にして行われる必要がある。ここから、日本の教師の今後の課題や未来への可能性が生まれるのではないだろうか。

カリキュラムのデザインは、そのプロセスにこそ価値がある。先に述べた③各教科等のごとの単元（題材）計画の作成は、場合によっては一人の教師でもできる。しかし、②各教科等ごとの年間単元（題材）配列の作成は、教科担当者や学年など複数の教師の協議が必要になる。そして、①各教科等の関連を踏まえた学校としての全体計画の作成には全教師の参加が必要不可欠である。

　そして、複数の教師、あるいは全教師で、指導する内容はもとより育成を目指す資質・能力を話し合うのである。ここが重要である。学年の立場から、あるいは各教科等の立場から、本校の子供たちを見つめ、どのような力をどのような場面で付けるようにしていくかを協議することにこそ、カリキュラム・デザインの本当の価値があるのである。それは、抽象度の高い美しい言葉で表現されることが多い資質・能力を「現場の力」で子供の姿や実際の授業イメージへとブレイク・ダウンするプロセスである。

　これからの教師に必要な指導力は、こうしたプロセスを経て、子供や授業を見る目を養い、各教科等で育成を目指す資質・能力を確かに子供たちのものにしていく力である。

⑶　カリキュラム・デザインを描く際のポイント

　これから求められる校内研究は、指導技術の研修のみでなく、全教員で十分に協議を重ねて子供たちに育成を目指す資質・能力を描き、その実現を目指すための授業イメージを教員間で共有することである。その際、留意すべきポイントは次の3点である。

①全校で共有すべき目標（本校の重点目標や○○教育の目標）を資質・能力の3つの柱を参考にして描くこと

　冒頭で述べたように、資質・能力の3つの柱に沿って全校で共有すべき目標を描いておくと各教科等からのアプローチがしやすくなり、イメージの共有が図られやすい。全教員の合言葉になるような比較的短い文言が最適である。

②各教科等の特質を見失わないこと

　全校で共有すべき目標を描くといっても、そのベースには各教科等の目標があることを忘れないようにしたい。大切なことは、全校で共有すべき目標と各教科等の目標との相互の関連を明確にすることである。特にその教科等の目標の文言の中で、全校で共有すべき目標と関連の深いものをピックアップしたり強調したりすると、関係や結び付きがよく見え、全教員が共有しやすくなる。校内で研究授業などを行う際にも効果的である。

　また、内容の関連を描く場合にも留意点がある。どの教科等においても、各学年の内容の全てが重点目標や○○教育の目標に関連するとは限らない。内容の見極めが大切である。例えば単元全体の内容が関連すると考えられるものと、単元の内容の一部が関連すると考えられるものがあるはずである。このことを見極めて、内容の関連性を整理することが大切である。

　これらのことに留意しなければ、各教科等の特質を見失い、主客転倒しかねない。

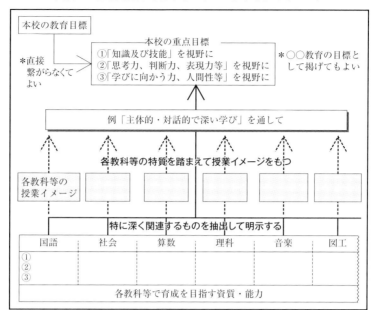

資料6　全校で進めるカリキュラム・デザインのイメージ

③授業イメージを共有すること

　ここが校内研究の醍醐味であろう。どのような授業イメージを全教員で共有するか。共有するなら大きな文言がよい。「主体的・対話的で深い学び」などはその典型である。ただし、それは共有すべき授業イメージであることを忘れてはならない。ここから、各教科等の特質を踏まえてブレイク・ダウンした授業イメージが必要になる。

　例えば、主体的→「課題を把握する」「見通しをもって粘り強く取り組む」「振り返って学びを自覚する」など、対話的→「討論的な活動を」「共同作業を」「グループでの問題解決を」「鑑賞し合い生かし合い」など、「深い」→「○○の見方・考え方を働かせて」「概念等の深い理解を」「多面的・多角的な思考を」「学んだことを生活に生かす」など、各教科等の特質を踏まえたブレイク・ダウンである。

3　横浜国立大学教育学部附属鎌倉小学校の取組の実際

(1)　本校の取組の特徴及びよさ

　横浜国立大学附属小学校のカリキュラム・デザインの取組の特徴及びよさは、次の3点にまとめることができる。

①　段階を踏んで進んだこと

　次頁の資料7に表現したように、本校のカリキュラム・デザインの取組は、①意識化、②精緻化、③具体化の順序で時間をかけて進められてきた。「自立に向かう子」は具体的な研究テーマというより、共通の意識化に必要なシンボリック

資料7　横浜国立大学教育学部附属鎌倉小学校の取組のプロセスイメージ

```
┌─────────────────┐
│　学校の教育目標　│　　＊教育目標の中からVISONである「自立に向かう子」を導き出し
└─────────────────┘　　た。「自立に向かう子」をシンボリックなキーワードとして研究
　　　↓を踏まえて　　　をスタートさせた。

┌──────────────────────────────────────┐
│　本校で育成すべき資質・能力をキーワードで描いた　│　　＊これは学校の教育目標の具体化
│　　①主体的思考　②共感的感情　③創造的行動　　　│　　と捉えることができる。
└──────────────────────────────────────┘
　　　↓これらを手掛かりに
```

各教科等において目指す子供像を描いた。	
国語科	生きてはたらく言葉の力をはぐくむ子
社会科	問いと対話を通して学びを創り続ける子
算数科	問いを持ち、倫理的に考察する中で、数学の楽しさやよさに気付く子～問いがつながる算数学習～
理科	「探究心」と「探求心」を持ち続け、自分の考えをつくっていく子
生活科	豊かな生活を自ら創り出していく子
音楽科	音楽と豊かに関わる子
図画工作科	造形活動を通じて自己と他者のよさを認め合える子
家庭科	自分の生活を見つめ、よりよい家庭生活の実践力を高める子
体育科	みんなといっしょに賢いからだになっていく子
外国語活動	コミュニケーションの心地よさをつくる子
総合的な学習の時間	探究的な学びを楽しみ、自己の生き方を見つめる子

これは全教員で行うカリキュラム・デザインの①「意識化」と捉えることができる。まずは共通の目標を目指して各教科等の立場から経験を踏まえてを主張している。

```
　↓
┌─────────────────────┐　　┌─────────┐　┌──────────────────┐
│それぞれの教科等において　│→│主体的・　│→│それぞれの教科等におい│
│重点となる資質・能力を検討した。│　│対話的で　│　│て目指す授業像を描き出│
└─────────────────────┘　　│深い学び　│　│した。　　　　　　　　│
　　　↑　　　　　　　　　　　　│を重視して│　│(1) 単元等を基本にした│
　これはカリキュラム・デザインの②「精緻化」と捉│　　　　　　　│　　　「デザインシート」│
　えることができる。全教員が、学習指導要領という│　　　　　　　│(2) 資質・能力の育成を│
　共通の指標で検討している。　　　　　　　　　　　　　　　　　　明確にした「年間指　│
　　　　　　　　　　　　　　　　　　　　　　　　　　　　　　　　導計画」　　　　　　│
┌─────────────────────┐　　　　　　　　　　　　　　└──────────────────┘
│各教科等で育成を目指す資質・能力の共通イメージを明確にした。│
│　(1) 知識及び技能　　　　　　　　　　　　　　　　　　　　　│
│　(2) 思考力、判断力、表現力等　　　　　　　　　　　　　　　│
│　(3) 学びに向かう力、人間性等　　　　　　　　　　　　　　　│
└─────────────────────┘
```

これはカリキュラム・デザインの③「具体化」と捉えることができる。

を踏まえて

```
┌─────────────────┐
│　学習指導要領改訂の動向　│
└─────────────────┘
```

　なキーワードであった。全体として拙速にゴールを描いて進めるのではなく、キーワードの具体化を目指して全教員の参画の下に試行錯誤しながら進めてきた取組である。そのため、プロセスがよく分かり、これから進めようとする学校の参考モデルとなる。

② **全員参加で柔軟に取り組んだこと**

　スタートは教育目標の実現である。教育目標から「自立に向かう子」という

キーワードを引き出し、それを目指してそれぞれの教員が自由に教科等の立場から主張していった。まず一人一人が自分の立場から参加できたというよさを見いだすことができる。

また、それらの主張に固執することなく、中央教育審議会や学習指導要領の動向を踏まえて、柔軟な姿勢で方向や取組の見直しを繰り返した。そしてこのプロセスこそが、新しい要素を取り入れてカリキュラム・デザインを具体化したプロセスであるということができる。

例えば中学校は、小学校とは異なり教科担当制が敷かれ、教科を絞った研究は進めづらい環境にある。しかし本校のように、まず1つのテーマに向けて各教科の立場から主張し、その後、共通の指標を手掛かりにトーンを揃える気持ちで精査する、そしてそこからまた自分の立場に戻り具体化する、こうした柔軟な姿勢で進めれば中学校の校内研究も活性化するはずである。

③ それまでの研究を生かして取り組んだこと

新たなものを創り出したり方向転換に大きく舵を切ったりすることには、大きなエネルギーと時間を要する。一般的に校内研究は、数年でテーマや対象教科が変わることが多い。その際、過去の研究の取組が生かされることなく、新たな理論で新たな研究がスタートすることも多い。しかし本校では、過去に取り組んできた「授業デザイン」の研究をできる限り生かした。働き方改革が言われる中、多くの公立学校では、効率的かつ効果的に校内研究を進めることを望んでいる。子供たちは同じ学校で毎年授業を受けることを考えれば、校内研究に必要な基礎研究の対象の一つは、自校の先行研究であると言える。

⑵ 今後の発展に向けた取組のポイント

本校の取組は、あくまでもカリキュラム・デザインである。しかし、今求められているのはカリキュラム・マネジメントである。したがって、本校の取組に今後期待することは、ずばり評価を通したカリキュラム・マネジメントの実現である。各教科等の授業に関わるカリキュラム・マネジメントにおける評価は、大きくは、①単元を通した学習評価、②年間を通したカリキュラム評価の2つが考えられる。

①単元を通した学習評価は、実際の子供の学習状況を踏まえて単元構想を練り直すことであり、②年間を通したカリキュラム評価は、教師の指導状況を踏まえて年間単元配列や年間指導計画、年間の指導の重点などを見直すことである。

一般的に「評価は面倒で難しい」などと研究から遠ざけられがちであるが、「その資質・能力とはどのようなものか」を明確にする際に評価は欠かせない。「何ができるようになったか」を捉えるには、そもそも「それをできるようにする資質・能力は何か」を明確にしなければならないからである。「評価から資質・能力を考えること」「評価から授業を考えること」、これらは逆向きではなく、教師が目標（育成を目指す資質・能力）を明確にする上で当然のことであり、必要不可欠なことである。

|深|い|学|び|の|実|践|
教育現場におけるカリキュラム・デザイン

横浜国立大学教育学部附属鎌倉小学校 **鈴木遼輔**

　鎌倉小学校の教育の根幹は「はじめに子供ありき」という姿勢である。しかしそれは、子供にすべてを委ねて這い回るものではなく、子供一人一人の思考や状態をしっかりと見取り、そこから目的や意図をもって、授業を有機的に教師が組み立てていく「授業デザイン」に表される。

　したがって、「一人一人の子供たちが主人公となる学校教育」という共通認識の下で行うカリキュラム・マネジメントを目指している。本校ではこれをカリキュラム・デザインと呼称する。

1　学校教育目標と本校で育成を目指す資質・能力

　鎌倉小学校の学校教育目標は以下のとおりである。

> 自ら対象に関わり、仲間と高め合いながら、意味や価値を追求する活動を通して、
> 自立に向かう子

　ここから、研究全体の VISION となる「自立に向かう子」を導き出している。

　そして、この VISION を中央教育審議会や学習指導要領改訂の動向を踏まえて、本校で育成を目指す3つの資質・能力として、次のように描いた。

● 知識及び技能
　日常生活の中で見いだした問いに対して、問題を解決するための必要な情報をまとめるとともに、表現するための言語感覚を高め、よりよい生活を目指していこうとするための知識及び技能。

● 思考力、判断力、表現力等
　協働する喜びの中で、そのものらしさに気付き、対話を通して多角的に物事を見るとともに、他者に配慮して立ち止まって考え、判断し、表現する力。

● 学びに向かう力、人間性等
　探究的な活動の中で、学びをつなげ、豊かな生活を目指し、生活の実践力を高める賢いからだと考えを涵養しようとする人間性。

　これらに各教科等の目標（育成を目指す資質・能力）を関連付けて捉えることにより、学校教育目標の実現に必要なカリキュラムを構想することができると考えたからである。

　これらの資質・能力は、**資料1**のように教科における資質・能力の育成によって育てていくことができる。

資料1

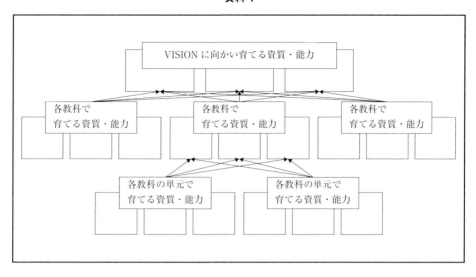

2　単元等を基本にしたデザインシート

　本校では、単元等を基本にして全校で形式を統一したデザインシートをそれぞれの教員が作成している。デザインシートは、一般的な指導計画と異なり、子供の思考を軸にして単元全体の授業の見通しを描いているという点である。教師がそれを描くことにより、教師中心の授業のとらえから、子供主体の授業のとらえへと意識を転換させる効果がある。また、形式を統一することで、「目指すべき資質・能力とそれを身に付けた子供の姿や解決すべき課題」など、研究の視点を全教員で共有できる。

　デザインシートの共通項目には、次の5つを置き、学習指導要領総則を参考にしたカリキュラム・マネジメントを目指している。ここに、「何が身に付いたか」という評価の視点を入れることでマネジメント・サイクルとなるが、本校ではこの視点は今後の研究対象としている。

1. 何ができるようになるか
2. 何を学ぶか
3. どのように学ぶか
4. 子供の発達をどのように支援するか
5. 実施するために何が必要か

3　資質・能力の育成を明確にした年間指導計画

　前記の「デザインシート」を作成し、各教科で育成を目指す資質・能力を明確にしていくと、その教科の特質が見えてくる。例えば、社会科では"思考力・判断力・表現力"を育てる授業計画を多く練っていること、体育科では、"学びに向かう力・人間性等"に比重を置いた授業を多く組んでいることなどである。

資料2　デザインシートの活用

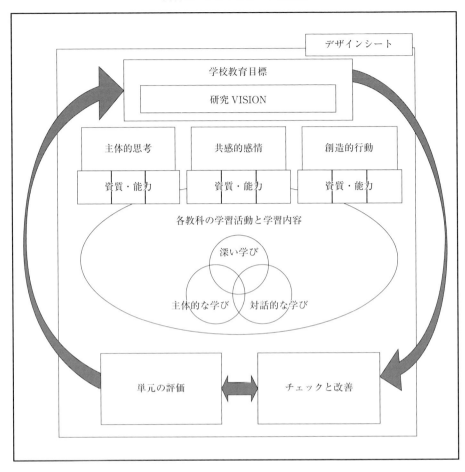

　そこから見えてきたそれぞれの特質をよりよく育てていけるように、本校の年間指導計画は、教科ごとに年間のバランスを踏まえて内容ごとに育成する「資質・能力」の重点化を図りながら作られる。このようにして作られた年間指導計画に沿って授業を実施することにより、自ずと全教育活動が「自立に向かう子」の育成に向かい、各教科等の目標や教育内容を相互の関係で捉え、教科横断的な視点で学校教育目標の実現に向けた授業を行うようになる。

4　各行事において育てたい資質・能力を明確にする

　本校のカリキュラム・デザインの特徴に、行事等における全ての教育活動においても、育成を目指す資質・能力を明確にしている点である。
　以下は、運動会におけるデザインシートである。
　作成手順は、以下のとおりである。

①行事の担当（今回は、学校の体育部）がその行事における特色を分析する。
②上記のメンバーに研究推進部を加え、育成を目指す資質・能力（本校では、願う子供の姿）を明確にする。

資料3　年間指導計画の構成

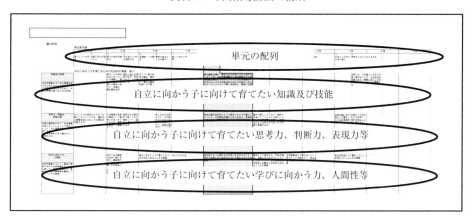

③低学年、中学年、高学年でそれぞれ、どのような資質・能力（願う子供の姿）を育てたいのかを明確にしていく。

　以上の方法で、それぞれの行事が担う、資質・能力の育成場面を位置付けていく。これにより、行事が行事で独立してしまうのではなく、それぞれの行事がVISIONの資質・能力のどこを大きく育てているのか明確にし、その後が姿を評価することから、行事全体の改善が行えるようになる。

5　研究の歩み

　本校では、「主体的・対話的で深い学びの実現」を目指して授業研究を進めてきた。それを進める中で、合わせて以下の順序でカリキュラム・デザインに関する研究についても進めてきた。これまで、"自立に向かう子"をVISIONに据えた研究を大きく分けると、全部で3期に分けることができる。それぞれの内容は、**資料5**のとおりである。

1期目	子供の実態と授業内容の合一化 授業改善のためのデザインシートの作成 研究VISIONの吟味 改善のための研究協議会の内容検討
2期目	前年度を受けて、学校教育目標の吟味とその目指すべき子供の姿の明確化 PDCAサイクルを実現する授業の展開検討 教科のもつ特性の明確化
3期目	実態に沿った学校教育目標の設定 それぞれの教科で育成を目指す資質・能力の明確化 資質・能力を明確にした、年間計画の作成

資料4　平成30年度　附属鎌倉小学校　「3つの自立に向かう子供の姿」を育成する　特色ある教育活動「運動会」デザイン

学校教育目標
「自ら対象に関わり、仲間と高め合いながら、意味や価値を追求する活動を通して、自立に向かう子」 ◇主体的思考をする　　　　　◇共感的感情をもつ　　　　　◇創造的行動をとる 「なりたい自分」を夢みていますか？

附属鎌倉小学校　研究VISION「自立に向かう子」〜なりたい自分を思い描き、歩んでいく姿〜

附属鎌倉小学校「運動会」の特色
（例）「子供たちが創る」運動会である。運動会に対して子供たちが自らの思いをもち、思いをつなげ、他者の思いにも寄り添いながら、全力を尽くし合う運動会を子供たちが創るのが本校の運動会である。そのために、効率性ばかりに目を向けて、一方的に教師たちが指示をして子供を動かしたり、やらせたりするのではなく、時に時間がかかっても子供たち自身が指示の声を出す瞬間、動き出す瞬間、語り合う瞬間を待つことや子供が考え出すことができるように問いかけていくことを大事にしている。

「運動会」で育成を目指す資質・能力（願う子供の姿） ②をここに表記する

「運動会」で育成を目指す各学年の「3つの自立に向かう子の姿」
高学年
③のそれぞれの成長段階における育てたい資質・能力をここに明記する。
中学年
低学年

6　研究のまとめ

　資料5は、本校の研究のグランドデザインである。ここからも分かるように本校では、育成を目指す資質・能力を中心に据え、全ての教育活動が、個別に設定した資質・能力でつながるように研究を進めてきた。

　こうした研究を通して感じた大切なことは「子供の実態を適切に把握し、各教科等を横断的な視点で見ていく」ことであった。また常に心がけたことは、「学校教育目標の実現に向けて、授業の質を上げていくこと」であった。

　しかしながら、体制づくりを含めて、授業改善やカリキュラム・デザインは一朝一夕にできるものではないことも感じた。ここまでの教職員の一致協力した取組や互いの信頼に基づく協力関係があってこその研究であったと心から感謝したい。

資料5　教育目標を踏まえつなぐグランド・デザイン

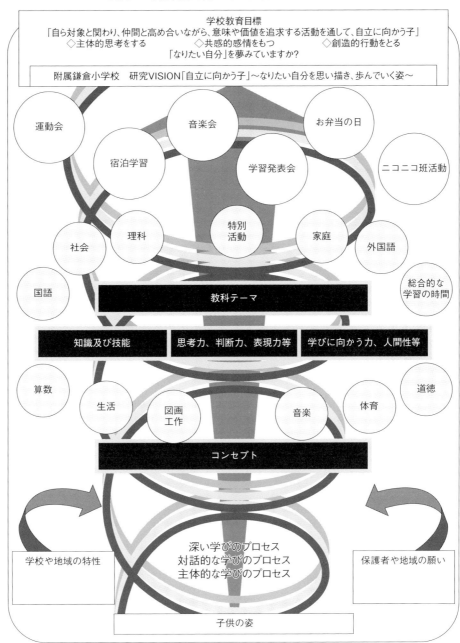

第2章

実践編

国語科

国語科では、言葉を通して自分の思いや考えを表出したり受容したりする中で、自分の考えを練り上げたり、思考を深めたり、更新したりすることを目指す教科であると捉えている。

このことから、以下の2点を鎌倉小学校の国語科の重点とした。一つめは、事実を正確に理解し、賛否や是非を意識し、文章を読んだり、話を聞いたりすること。二つめは、言葉を大切にする中で生まれた他者との差異をポイントと捉え、他者の意見を受容して、自分の考えを変容させる中で自分の成長を実感することである。

教科テーマ

国語部では、国語科の教科テーマを「生きてはたらく言葉の力をはぐくむ子」と設定している。

現代社会においては、地域のつながりや支え合いの希薄化等、子供たちを取り巻く家庭環境の変化などが社会問題化している。そのため、子供たちが他者との適切なコミュニケーションを図る力を身に付けていくことが必要であると考え、教科テーマを設定した。人と人とをつなぐツールとしての役割を『言葉』が担い、適切なコミュニケーションを図る力を身に付けるために『言葉を磨く』ことはとても大切になる。一つ一つの言葉の使い方を理解し、言葉が適切であるかどうか判断できるようにするのが国語科の役割であると考えている。

私たちは、『言葉』を使って対象を捉え、表現しているのであり、『言葉』は自分の中にある「経験」「思い」「事物」「考え」などを整理するために必要である。一つ一つの言葉の使い方を理解し、言葉が適切であるかどうか判断できるようにすることが国語科として大切であると考えている。

どのように学ぶか — 教科テーマに迫る「深い学び」のプロセス

教科テーマ「生きてはたらく言葉の力をはぐくむ子」に迫るためには、主体的な学び、対話的な学び、深い学びをデザインすることが大切である。国語科における深い学びとは、「言葉に対する新しい発見を自覚化し、言葉を問い直しするなかで、思考を深めたり、更新したりすること」だと考える。まず、子供が見通しを立てて学習に取り組み、身に付いた言葉の力をしっかりと自覚化させていく必要がある。そうすることで「言葉を磨く」ことのよさ、大切さに気付き、学ぶことに主体的に取り組めるようになる。さらに、身に付けた言葉の力は、様々な場面で意図的に表現していくことで自分の考えの形成につながる。子供たちが言葉を磨くことを意識し、話し合いに臨む、そこでの意見交流によって、考えを更新したり、深めたりすることができるようになる。子供たちは国語を正確に理解し、適切に表現することを学んでいく。国語科で学んだ力を生かして、相手、目的、意図、状況等に応じて豊かに表現できる資質・能力を育て「自立に向かう子」の共感的感情と主体的思考の側面を涵養していく。

知識及び技能	日常生活に必要な言語を理解したり、表現したりする力を身に付ける。言語文化に親しんだり理解したりすることができるようにする。
思考力、判断力、表現力等	日常生活に必要な言語を様々な側面からどのように捉えたのか問い直して、（考えを深めたり、表現しなおしたりしながら）思いや考えを深める。
学びに向かう力、人間性等	日常の生活の中で、言葉を通して積極的に人と関わったり、思いや考えを形成したりしようとするとともに、言葉のよさに気付き、言葉をよりよく使おうとする。

■ 言葉による「見方・考え方」

国語科の見方・考え方について新学習指導要領では、「言葉による見方・考え方を働かせるとは、児童が学習の中で、対象と言葉、言葉と言葉との関係を、言葉の意味、働き、使い方等に着目して捉えたり問い直したりして、言葉への自覚を高めること」と示されている。すなわち、言葉そのもののもつ意味や働きについて理解し、表現したりすることを授業の中で意識し

ていく必要がある。どの場面でどの言葉を選択し、そして表現するのかを自分で自覚しながら判断できるような力を育ませていきたい。

言葉は、人と人、ものと人をつなぐツールである。言葉による見方・考え方を働かせることで、言葉そのものや相手・対象を大切にできるようになり、言語感覚を養い、国語の大切さを実感できるようになると考えている。

■ 教育内容「何を学ぶか」

国語科では、言葉を通して単に知識を記憶しているだけでは不十分であり、他の事柄などと結び付けて、考えを広げたり、深めたりするなど使える知識にすることが大切である。さらに知識を習得させてもそれを活用しないのであれば、やがては忘れていき、定着はしない。そうであっては、生きてはたらく力としての「言葉」の必要性が薄れていく。理解したことをも

とに考えたり表現したりするための「言葉の力」を高め、そうしたプロセスを通して「思考力、判断力、表現力等」も共に育っていくことが、これからの国語科で求められる内容である。

日々の生活の中で、言葉を通して積極的に人と関わったり、思いや考えを形成したりしようとする「学びに向かう力」につながると考えている。

■ 学習評価の方法「何が身に付いたか」

以下の方法で子供の様子を見取っていく。
①ノートに書かれた言葉
②振り返りシートと振り返りの発言

教科としての重点的な取組は、作品の中の複数の事実を関連付けて、そこに内在する価値やテーマの存在を考えることである。つまり人物の思いや願いを感じる言葉を複数抜き出したり、抜き出した言葉を関係付けてそれらに共通

する考え方や生き方を考えたりすることが国語科で求められる力となる。

そのために子供たちの「言葉」の高まりを見逃さず、先の二つを活用し「言葉」の記録を読み解き、様々な視点から子供の姿を見ていく。また、子供自身が自分の学びや変容を自覚し、説明したり評価したりすることで、学びの過程のさらなる質の向上を図ることにつなげていく。

第3学年
|単|元|配|列|表|

4月	1. 詩を読もう
	2. きつつきの商売
5月	3. 言葉で遊ぼう こまを楽しむ
6月	4. よい聞き手になろう
	5. 俳句を楽しもう 気になる記号
7月	6. もうすぐ雨に
9月	7. 詩のよさを伝えよう
	8. モチモチの木
10月	物語紹介ポスターを作ろう
	9. へんとつくり 修飾語
11月	10. すがたを変える大豆
	食べ物のひみつ教えます
12月	11. 三年とうげ
	12. 言葉を分類する
1月	13. ちいちゃんのかげおくり
	14. 短歌を楽しもう
2月	15. ありの行列
	16. 生き物の報告文を書こう
3月	

自立に向かう子を育てるための国語科の資質・能力

知識及び技能

●日常生活に必要な言語を理解したり、表現したりする力を身に付ける。言語文化に親しんだり理解したりすることができるようにする。

文章全体の構成や内容の大体を意識しながら音読をする技能。

表現したり理解したりするために必要な語句についての理解。

易しい文語調の俳句を音読や暗唱をしたりするなどして、言葉の響きやリズムに親しむ技能。

漢字がへんやつくりなどから構成されていることについての理解。
修飾と被修飾との関係についての理解。

考えとそれを支える理由や事例、全体と中心など情報と情報との関係についての理解。

言葉には性質や役割による語句のまとまりがあることを理解し、語彙を豊かにする。

易しい文語調の短歌を音読や暗唱をしたりするなどして、言葉の響きやリズムに親しむ技能。

指示する語句と接続する語句の役割についての理解。

思考力、判断力、表現力等	学びに向かう力、人間性等
●日常生活に必要な言語の側面からどのように捉えたのか問い直して、（考えを深めたり、表現しなおしたりしながら）思いや考えを深める。	●日常の生活の中で、言葉を通して積極的に人と関わったり、思いや考えを形成したりしようとするとともに、言葉のよさに気付き、言葉をよりよく使おうとする。
詩を作り、感じたことや創造したことを書く力。	意欲的に感じたことやリズムを楽しみながら詩を作成する態度。
自分の考えとそれを支える理由や事例との関係を明確にして書き表し方を工夫する力。	自分の考えと違っても、友達の考えをあたたかく聴こうとする態度。
目的を意識して、中心となる語や文を見つけて要約する力。	
自分の考えとそれを支える理由や事例との関係を明確にして書き表し方を工夫する力。	日々の生活で感じたことをもとにして、自ら進んでスピーチ原稿を作成し、紹介をする態度。
目的を意識して、日常生活の中から、話題を決め、集めた材料を比較したり分類したりして、伝え合うために必要な事柄を選ぶ力。	
登場人物の行動や気持ちについて、叙述をもとにとらえる力。	同じ作品を読んでいても人によって見方が違うことに気付き、友達の意見を理解しようとする態度。
詩を読み、内容を説明したり、考えたことなどを伝え合ったりする力	相手を意識して、相手が分かってくれるようにやさしく話そうとする態度。
文章を読んで感じたことを共有し、一人一人の感じ方の違いなどに違いがあることに気付き、自分の考えをまとめる力。	登場人物に自分の思いをはせ、友達の意見を聴いて、自分の考えを深めようとする態度。
書く内容の中心を明確にし、内容のまとまりで段落をつくり、文章の構成を考える力。	目的を意識して、話題に向かって、材料を集め意欲的に発表の準備を進める態度。
物語を読み、内容を説明したり、考えたことなどを伝え合ったりする力	
登場人物の気持ちの変化や性格、情景について、場面の移り変わりと結び付けて、具体的に想像する力。	一つの事象について友達の意見から様々な見方があることに気付き、自分の考えをより深めようとする態度。
	一つの事象について友達の意見から様々な見方に気付き、振り返りながら他者の意見を尊重し、自分の考えをもとうとする態度。
目的を意識して、日常生活の中から話題を決め、集めた材料を比較したり分類したりして、伝え合うために必要な事柄を選ぶ力。	目的を意識して、話題に向かって、材料を集め意欲的に発表の準備を進める態度。

国語科　　　　　　　　　　　　　　　　　　［3年2学期］10時間

単元名 モチモチの木

本単元で育てる資質・能力

　本単元における育成を目指す資質・能力は、【思考力、判断力、表現力等】の段落相互の関係に着目しながら、考えとそれを支える理由や事例との関係などについて、叙述をもとに捉えることである。そのめあてを達成するために単元を通して大きな発問、【豆太はじさまに起こった事件の前と後で、「変わったか」】を設定した。主人公に気持ちを感情移入するだけはなく、それとは別に客観的に文章を分析させていきたい。

　文章中にある心情を表す言葉を発見し、それを客観的に分析することで多様な読みにつながっていくと考えた。例えば、一つの場面を取り上げ、それを物語に出てくる様々な登場人物の視点で読み解いていくことが、資質・能力を育てていくのに効果的である。文章を根拠に自分の意見をもつという経験を繰り返し積んでいくことで、これからの社会に必要な、意見と事実を明確に区別すること、話を一方方向からだけ取り入れようとするのではなく、自分の判断をもとに行動できる子に育っていくと考えている。

子供の実態と主体的・対話的で深い学びに向かう姿

　「言葉」に着目し、「言葉」に関わる教科として、「言葉の力」をどのように育むかが大切である。子供たちにとって、「言葉」は自分の思いや考えを表現するだけでなく、他者の思いや考えに触れ、自分の考えに生かすことができる「ツール」として必要不可欠である。しかし、子供の実態として「言葉」を理解し、うまく活用したりすることを苦手としている様子が見られる。

　そこで国語科における資質・能力を育成するために言語活動を大切にしたい。子供たちの「言葉」に対する興味・関心を豊かにし、思考を深めたり活性化させたりすることで語彙を増やしていくことができると考える。

　いかに「言葉」に親しみ、「言葉」を選択できるようになるかで、問いを見いだして解決したり、自己の考えを形成し表現したり、テキストや他者の考えをもとに自分の考えを更新したりすることで「深い学び」に向かう姿となる。

本単元と社会とのつながり―授業をデザインするコンセプト

　本単元のコンセプトとして「聴いて深める！自分の思い」を設定した。新学習指導要領の国語科では、【思考力、判断力、表現力等】に関する教科目標として「日常生活における人との関わりの中で伝え合う力を高め、思考力や想像力を養う」が示されている。そのためには、まず友達の考えを「聴く」ことが大切であると考え、コンセプトとして設定した。相手が言いたいことは何なのか、他者を尊重する姿勢をもって主体的・能動的に聴き、自分の考えと比べることで、より深い結論へとつなげることができると考えている。

　自分の意見をもち、発信していくことは現代社会において必要とされる力である。しかし、それが一方的であれば、他者との適切な関係を築くことはできない。子供が自らテキストに向き合って自分の考えをもち、課題に対する考えのズレについて友達の意見に耳を傾け、対話を重ねることで「伝え合う力を高め」、よりよい人間関係をはぐくんでいきたいと考えている。

聴いて深める！自分の思い

全10時間

子供の学びのストーリー

- ○「モチモチの木」のあらすじをとらえ、学習問題を立てる。①②
- ・物語の場面の変化に注目し、起承転結の組み立てを捉え、学習の見通しをもつ。
- ○「おくびょう豆太」「やい、木ぃ」の場面を読み、「豆太」がどのような人物であるかについて話し合う。③④
- ・夜中にひとりでせっちんに行けないからこわがりなんだよ。
- ・昼間はいばっているのに、夜は木を怖がっているよ。
- ○「霜月二十日のばん」の場面でじさまから山の神様のお祭りのお話を聞いた豆太はどんな気持ちだったのか話し合う。⑤
- ・「それじゃぁ、おらは、とってもだめだ」と悲しい気持ちになったんじゃないかな。
- ・「昼間だったらみてえなあ」と悔しい気持ちがあるんだよ。
- ・すぐに寝てしまっているからあきらめている気持ちだよ。
- ○「豆太は見た」の場面を読み、「どうして豆太はモチモチの木の灯を見ることができたのか」について話し合う。⑥
- ・勇気を出してお医者様を呼びに行ったからだよ。
- ・足から血が出て痛かったのにがんばったからだよ。
- ・たまたま光の具合で見えただけだとお医者様は言ってるよ。

- ○豆太はじさまに起こった事件の前と後で変わったと言えるだろうか。⑦（本時）
- ・豆太に変化があったと思う
  「じさまの事件で勇気を出してお医者様をよびにいけたよ」
  「モチモチの木の灯を見ることができたよ」
- ・豆太に変化はないと思う
  「まだ、じさまにしょんべんについてきてもらっているよ」
  「いざというときの勇気は見られるけど、まだ甘えている気がするなぁ」

- ○登場人物の変化に着目し、物語紹介カードを書こう。⑧⑨⑩

教師のストーリーデザイン

- ・物語文における場面の変化についての理解。
- ・「あたたかい聴き方」「やさしい話し方」対話的な学びを進めるための素地。
- ・結論と理由を意識しての自分の考えのまとめ方。

I 主体的な学びのプロセス①
物語の場面の変化に注目し、学習の見通しを立てる。

II 対話的な学びのプロセス
- ・教科書の叙述をもとにして、「豆太」や「じさま」の人物像にせまったり、気持ちについて考えたりする。
- ・友達の意見をよく「聴き」、自分の考えを練り上げる。

III 対話的な学びのプロセス
- ・教科書の叙述をもとにして、「豆太」の変化について自分の考えをもち、話し合う。

IV 深い学びのプロセス
教科書や友達との対話的な学びによって自分の考えを練り上げ、振り返る中で考えを更新し、自分なりの結論をもつ。

V 主体的な学びのプロセス②
「モチモチの木」で身に付けた物語の読み方を他の作品に生かし、紹介する。

期待する子供の姿

友達の意見を聴いていると、自分と違う見方や考え方があるんだなって思うよ。友達の意見を聴いて自分の考えが変わったな。いろいろな物語をじっくりと読むのは楽しいね。

授業展開

　本学級では、「思考のズレ」をもとに学習問題をつくり、話し合いを行っている。学習問題を自分たちでつくり、学習への見通しをもつことで、主体的な学びへとつなげることを目指している。また、話し合い活動を通して対話的な学びを積み重ねることで、より深い学びへと迫ることを意図し、本単元の設定を行った。

〈第1・2時〉
「モチモチの木」の感想交流から、学習問題を立てる

　本単元の導入では、子供の思いや疑問から学習問題の設定を行うために、最初に感想の交流を行った。これまでの物語文の学習経験から、子供は登場人物の最初と最後の変化に着目して感想交流を行っていたが、その中で豆太像にズレが生じた。このことから、「豆太はじさまにおこった事件の前と後で変わったか」という学習問題を立てた。単元を通して、豆太に着目し、子供の感じたズレや違和感をみんなで探っていくこととした。

〈第3～6時〉
思考のズレを生かし、場面の移り変わりを意識して読む

　本単元で目指す資質・能力「思考力、判断力、表現力等」として、「登場人物の行動や気持ちの変化や性格、情景について、場面の移り変わりと結び付けて、具体的に想像する力」を設定し、場面ごとの豆太像について話し合った。対話的な学びを充実させていくため、1時間の授業の流れは、「課題の提示」→「1人学習（自分の考えを書く）」→「全体の話し合い（適宜グループの相談）」→「振り返り」とした。第3時～第5時では、「おくびょう豆太」「やい、木ぃ」「霜月二十日のばん」を扱い、場面ごとの豆太像について話し合った。子供たちは「おくびょうな豆太」「いばりんぼうな豆太」「くやしい豆太」などを見いだした。子供たちは、テキスト本文や自分の経験を根拠にしながら発言することができた。これらの話し合いでも、「豆太は本当におくびょうか」「くやしい気持ちがあるか」など、子供の間での思考のズレが生まれ、考えを深める姿が見られた。

　第6時では、「豆太は見た」の場面を扱った。この場面は、じさまを助けるために医者様を呼びに行った豆太の「勇気」や「やさしさ」が論点となった。このように、場面の移り変わりを意識することで、自分の豆太像を積み重ねることができた。

活動の様子

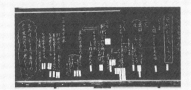

「ズレ」ることから考える
子供が思考のズレを解決したいという主体的な学びへとつながる。

自分の考えを書く時間を保障する
じっくりとテキストに向き合い、自分の考えを書くことを重視する。

相談タイムでみんなと考える
グループでの相談を通して、対話的な学びの充実を図っていく。

モチモチの木 単元名

活動の様子

二項対立で考える
二項対立的な課題を設定し、自分の立場を意識して発言する。

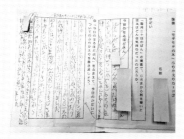

「聴く」ことで自分の思いを深める
友達の意見をよく聴き、振り返りを行って、自分の考えを更新する。

「物語の読み」を生かして
キャッチフレーズを付け、登場人物に着目したポスターを作成する。

〈第7時〉
学習問題に迫るために、全文を通して考える

　第7時は、「豆太はじさまにおこった事件の前と後で変わったか」について二項対立で話し合いを行った。二項対立を設定するよさとしては、論点が明確になり、マグネットでそれぞれの立場を共有化した上で、話し合いを進めることができるという点である。初発の感想で子供たちが違和感をもち、思考のズレが生まれたのが、「弱虫でもやさしけりゃ」の場面で表現された豆太の姿である。「豆太は見た」の場面で、豆太の勇気や成長を感じた子供たちであったが、じさまが元気になると再びせっちんにじさまを起こす豆太に違和感をもったのである。子供たちの話し合いでは、「じさまをまた起こしているから変わっていない」という考えや「じさまの事件の時に勇気がもてたから変わったが元に戻った」という考えが中心であった。しかし、授業の後半で出た「心は成長したけど行動がともなわないときもある」という発言から、「心」と「行動」それぞれの面から豆太の変化を捉え、テキストや文脈だけでなく、自身の経験を交えて語ろうとする姿が見られた。

　第7時では全文を通して読むことから、場面の移り変わりと結び付けて様々な視点から豆太を捉えることができた。また、友達の意見をふまえて振り返りを書くことで、自分の考えの変容を自覚化し深い学びへとつながった。

〈第8〜10時〉
学習したことを生かして、物語紹介カードを書く

　第8時では、本単元で学んできた「物語の読み」を生かし「モチモチの木」の紹介キャッチフレーズを考えポスターをかくこととした。子供は豆太の場面の移り変わりによる変化に着目してキャッチフレーズを付け、ポスター制作を行っていた。その後、他の作品でもポスター制作を行ったが、「モチモチの木」の作者である斎藤隆介さんの他の作品を取り上げたり、登場人物に注目して作品を選んだりして、いろいろな物語を楽しむことができた。本単元では、「思考のズレ」をもとに学習問題をつくり、話し合いを行ってきた。他者を尊重する姿勢をもって主体的・能動的に聴き、自分の考えと比べ更新していくことで考えを深めることができていた。「聴く」ことを大切にすることが主体的・対話的で深い学びの充実につながり、よりよい人間関係の構築につながると言えるのではないだろうか。

実践編　第2章　035

社会科

自立に向かう子
創造的行動 / 主体的思考 / 共感的感情

「社会」に直接つながる社会的事象について考える社会科を通して、「自立に向かう子」育むために、社会科を「人との対話の中で、自らの生き方を見つめ、他者とのずれを柔軟な価値観で受け入れ、みんなが幸せに暮らすための社会の実現に向けて、主体的に創造していく資質を養う教科」と捉えた。このことから、社会科ではつねに社会的事象の「事実」とそこに関わる人々の「情意」について子供たちに触れさせ、そこに生じる社会的な課題について考えることのできる学習をデザインしていく。

教科テーマ

社会科では、教科テーマを「問いと対話を通して学びを創り続ける子」と設定している。

社会科の学習は、問いと対話によって学習が進んでいく。

問いは、答えを追究する中で自分の価値観が醸成されていくような本質的な問いである。それは、社会にとって、そして自分の成長にとって考える価値のある問いである。また、その問いに対する答えを見いだすためには、材との深い対話、他人の価値観との対話が必要である。学びを創り続けられる材と出合うこと、そして本質的な問いと深い対話を通して、学び続けていくような子供の姿を目指していくことが大切だと考える。

「学びを創る子」とは、教室を離れた後も自ら問題意識をもち、そのことについて考え続ける姿を指す。その姿を追っていくことは、困難ではあるが、学習が深い学びに到達すると自然と表れてくる姿ともいえる。

話し合いの後、教室のあちこちで、先ほどの学習問題についての意見交換が続くような学びの空間を生み出していく。

どのように学ぶか ── 教科テーマに迫る「深い学び」のプロセス

社会科における深い学びとは、「学びを自覚化し、柔軟で社会的な価値観を醸成していこうとする姿」が見られる学びであると考える。

そのためには、見通しをもち学習に取り組み、学びをコントロールできるような主体的な学びと、話し合いによって自分自身の価値観に変容が起こる対話的な学びが必要不可欠である。この2つの学びのプロセスを通ることにより、子供たちは、自分の学びが深まったことを自覚していくと同時に、人の価値観を自分の中に取り入れ、新たな価値観として醸成していくことになる。それこそが、本校社会科部の目指す「みんなの幸せを考えられる」公民としての資質・能力につながっていく。

そのためには、社会的事象のもつ「事実」を理解し、そこに関係する人々の思い「情意」に触れていくことが大切である。その中で生まれてきた問いを考えることで、子供たちは「社会認識」を育んでいく。

このように「社会認識」を育てることで、「自立に向かう子」の主体的思考と共感的感情の2つの側面を涵養していく。

知識及び技能	社会的事象の中にある問題を捉えるための力となる知識。その問題を解決するために必要な情報を調べまとめる技能。
思考力、判断力、表現力等	多様な関係性の中で社会事象が成り立っていることに気付いた上で、自ら情報を取り入れ判断する力。物事を多角的に見て働きかける技能。
学びに向かう力、人間性等	社会的事象について、事実と情意の中から社会認識をもつことを通して、学びを自覚化し、柔軟で社会的な価値観を醸成していこうとする態度。

■ 社会的事象の「見方・考え方」

新学習指導要領において、社会科の「見方・考え方」は、社会的事象を時間的（変化・継承・発展）・空間的（広がり・つながり）・関係的（立場・相互関係等）視点で捉え、必要な情報の中から分かったこと、まとめたことを比較、関連付け、総合して考えることと明記されている。「どのような視点で物事を捉え、どのような考え方で思考していくのか」という点から構想し、現実の社会生活の中においても自在に使うことができるようにすることが重要である。

すなわち社会科における「見方・考え方」とは、課題を把握したりその解決に向けて選択・判断したりする際の「視点や方法（考え方）」である。

この「見方・考え方」を働かせる学習をデザインしていくことが、子供たちの深い学びにつながる鍵となる。

■ 教育内容「何を学ぶか」

社会科では㋐地理的環境と人々の生活㋑歴史と人々の生活㋒現代社会の仕組みや働きと人々の生活の3つ内容を学習する。

加えて㋐㋑は、前記の「見方・考え方」の空間的・時間的な視点で、地域、日本、世界を学び、㋒は経済・産業、政治及び国際関係と、学習の対象を分けている。

社会科においてもっとも重要なことは、これからの社会を生きる子供たちが公民としての資質・能力の基礎を養うことである。そのために先の内容を学んでいくのである。内容をおさえて知識を得て終わりにならないようにする必要がある。本校では、公民としての資質・能力を「みんなの幸せを考えられる姿」としている。これからの社会に必要な力として、常に意識して授業をデザインしていく。

■ 学習評価の方法「何が身に付いたか」

子供の様子は以下の方法で見取る。
①子供の振り返りが書かれたノート
②子供の発言内容やつぶやき
③教師との対話の内容

「知識及び技能」では、子供のノートの記述から、表面的な知識ではなく、生きて働く知識及び技能が身に付いたかを見取る。キーワードを絞って振り返りをすることにより、子供が知識を獲得していく。「思考力、判断力、表現力等」については、子供の授業中の発言やつぶやき、教師の意図的な返しの言葉を中心に見取る。特に、このときは、見取る子供を絞るターゲッティングが重要である。「学びに向かう力、人間性等」では、授業後の調べ学習など、子供の自発的な学びを追って、ノートの記述などからその姿から見取っていく。

実践編　第2章　037

第6学年

|単|元|配|列|表|

4月	1. 国づくりへの歩み
	2. 大陸に学んだ国づくり
5月	3. 武士の政治が始まる
	4. 今も受けつがれる室町文化
6月	5. 全国統一への動き
	6. 幕府の政治と人々の暮らし
7月	7. 新しい文化と学問
9月	8. 新しい時代の幕あけ
	9. 近代国家に向けて
10月	10. 戦争と人々の暮らし
	11. 平和で豊かな暮らしを目ざして
11月	12. 憲法とわたしたちの暮らし
	13. わたしたちの暮らしを支える政治
12月	
1月	14. 日本とつながりの深い国々
	15. 世界の人々とともに生きる
2月	
3月	

自立に向かう子を育てるための社会科の資質・能力

知識及び技能

●社会的事象の中にある問題を捉えるための力となる知識。
●その問題を解決するために、必要な情報を調べまとめる技能。

武士による政治がはじまったことを理解し、問いを見いだし、その問いの解決に向けて、必要な情報を集める技能。

現代に通じる室町文化が、形づくられたことを理解する。

キリスト教の伝来や織田・豊臣の天下統一から、様々な諸条件が整えられて天下統一されたことを理解する。

明治維新を機に、欧米の文化を取り入れて近代化したことや、自由民権運動から国会開設や大日本帝国憲法制定につながっていったことを理解し、それによって人々の生活がどのように変わったのかということについて問いを見いだし、解決に必要な情報をまとめる技能。

世界には、わが国とつながりが深い国があることや、その生活は多様であり、尊重し合うことが大切であるということを理解する。

思考力、判断力、表現力等	学びに向かう力、人間性等
●多様な関係性の中で、社会事象が成り立っていることに気付いた上で、自ら情報を取り入れ判断する力。 ●物事を多角的に見て働きかけ、表現する力。	●社会的事象について、事実と情意の中から社会認識をもつことを通して、学びを自覚化し、柔軟で社会的な価値観を醸成していこうとする態度。
わたしたちの祖先がどのような暮らしをしていたのか、<u>資料から情報を取り入れ、その理由を判断する力</u>。	
なぜ頼朝が武家の棟梁として御家人をまとめられたのか、<u>事実に基づいて議論する力</u>。	地元である鎌倉の政治に関心をもち、鎌倉時代の人物や出来事、文化財等についての理解を深めていこうとする態度。
室町文化が現代まで残ってきた理由について、<u>資料に基づいて考える力</u>。	
町人文化を手がかりに、江戸時代の人々と自分たちの時代を比べ、当時の価値観について考える力。	過去に生きた人々の暮らしから、<u>わたしたちの生き方を見つめようとする態度</u>。
明治以降の近代化によって変わった人々の暮らしについて、<u>江戸時代の様子と比べながら、多角的に見て考え、判断する力</u>。	近代化によって得たものや失ったものについて、<u>自分と社会とのつながりについて考えようとする態度</u>。
戦時中の暮らしぶりから、戦時下を過ごしていた人々の思いにふれ、今の価値観と比較し、<u>なぜそのような考え方であったのか探り表現する力</u>。	戦争という過去から、平和を尊び、未来にもつなげていこうという思いをもち、<u>自分の生き方や社会への関わり方を見つめるようとする態度</u>。
	日本国憲法や三権分立について学んだことを踏まえて、<u>民主主義の社会を大切にしようとする態度</u>。
<u>住民の願いが行政にどう関わっているか具体的に考える力</u>。	<u>自分が社会にどう関わっていくか考えていこうとする態度</u>。
世界の人々が共生する世界で、<u>何が大切なことか、考える力</u>。	

実践編　第2章　039

| 単元名 | 社会科 | [6年2学期] 10時間 |

自由民権運動から見る明治時代

本単元で育てる資質・能力

　本単元で育てる資質・能力は次のとおりである。知識及び技能の観点では、「黒船の来航から廃藩置県、四民平等などの様々な改革や、文明開化を発端とし、欧米の文化を取り入れていったこと。その過程で自由民権運動が起こり、後の国会開設や大日本帝国憲法につながっていったこと」に関する知識について、問題を解決していく過程で獲得させる。また、表や風刺画から明治時代の変化や背景を読み取る技能を育てる。思考力、判断力、表現力等の観点としては、「明治時代の歴史事象について物事を多角的に見て考え、判断する力」を育てる。学びに向かう力、人間性等の観点では、「自由民権運動の意義を踏まえ、自分と社会とのつながりについて考えようとする態度」を養う。

　特に思考力、判断力、表現力等では、「自由民権運動の意義について、民権運動家や政府、民衆の立場に立って考える力」を育むことで、近代化していく明治時代の前後の変化について捉え、現代社会との関わりについて気付くことにつながると考えた。

子供の実態と主体的・対話的で深い学びに向かう姿

　大きな歴史事象が歴史の流れを変えたり、現代の生活につながったりしていることを意識しながら学習に臨める子供がいる。しかし、歴史を為政者側の視点で捉えがちである。「本当にそうだったのだろうか」と、歴史の流れの中で立ち止まって、当時の人々にとってどんな世の中だったのかを考えたり、現代の自分の暮らしに引き寄せて考えたりすることに課題が見られる。

　このような実態を踏まえ、本単元では、資料として風刺画を読み解く時間を単元学習の途中で取り入れた。風刺画を読み解くことで、人々にとっての新時代・明治の捉え方や新政府に対する考え方など、官民の立場の違いを踏まえる。問題を解決していくに当たり、自分が誰の立場で考えたり話したりしているのかが明確になり、対話的な学びが成立するための手立てにつながると考えた。

　また、自由民権運動に問いを見いだしていくことで、市民運動が後の国会開設や憲法制定に影響を与えた点について社会的意義を見いだしていく姿を深い学びの姿として捉えている。

本単元と社会とのつながり―授業をデザインするコンセプト

　資料を読み解いたり、読み解いた資料から多様な立場に立って対話することで、「そうだったのか！」と歴史的事象を捉え直す瞬間がある授業づくりをコンセプトとした。そのためには、歴史的事象のつながりや、民衆にとってそれがどんな時代だったのかをじっくりと調べる時間を確保する。また、その上でも前述の風刺画の読み解きが重要な意味をもつ。「そういう見方もできるのか」という意見が板書に反映されるように努めた。

　現代社会において、国民が政治に関われる機会は多い。その中で大きな意味をもつものは選挙であるが、近年投票率は低迷している。だからこそ、明治時代に理想とする社会を目指した自由民権運動を追うことに意義があると考える。多くの人が政治に参加できるように働きかけたその運動には、どんな意味があったのかを考える。そこから、社会に自分たちがどう参画していくか思考し、社会人としての自立への基礎を養っていく。

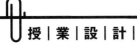

そうだったのか！と捉え直す歴史学習

全10時間

子供の学びのストーリー

○260年続いた江戸幕府はどのようにして終わりを迎えたのだろう。①②
・外国船が来て、不利な条約を結んだことも関係あるね。不満があったんだ。
○明治になって、世の中はどうなったのだろう。③④⑤
・五箇条の御誓文と、五榜の掲示というのは、中身が大きく違うんだね。
・欧米の文化を取り入れて、強い軍隊を作ろうとした。生活も大きく変わったんだね。
・五榜の掲示を見ると、変わらなかった部分もあるみたい。期待はどうなったのかな。
○新しい世の中で、なぜ西南戦争が起こったのだろう。⑥
・実際は倒幕に関わった人たちで政治が進んでいたんだ。
・西南戦争があったんだって。
・その後、自由民権運動が生まれたんだ。
○自由民権運動とはどんなものだったのだろう。⑦⑧⑨⑩
・憲法を定めて、国会を作ろうとした。
・政府から言論の弾圧もあったみたい。どうしてなんだろう。
・民衆にも活動は広がったんだね。

> 本時（9）自由民権運動はプラスだったか、マイナスだったか。
> ・100人に一人しか選挙権がないんだったら意味があったのかな。
> ・今につながる活動という意味ではプラスだよ。

・できた憲法は、今の憲法と違うところもあるようだけど。
・憲法が、条約改正につながったのかな。
・国がどうなっていくのか、気になるね。

教師のストーリーデザイン

江戸時代の国学を学習した後、鎖国は日本にとってどうだったかクラスで話し合い、鎖国を経た日本の状況を理解し、その是非について自分なりに意見をもって幕末の学習に臨んでいる。

Ⅰ－①　社会的事象から問題を見付け、見通しをもって解決に向かう学習
時代が大きく変わっていったことに対して、なぜそれが起こったのか自分から調べていく。

Ⅰ－②　資料などの情報を基に、自分の意見に根拠をもつ
当時の世相を、風刺画を通してつかむ。

Ⅱ－①　事象を多面的・多角的に捉える学習
誰の立場で考えた意見なのか踏まえ、自由民権運動の意義について考えていく。

Ⅰ－③　生活台に立って事象を捉える
憲法制定と国会開設が、後の時代に広く国民が参加できる政治の礎を築いたことに気付く。

Ⅲ－②　社会全体の幸福という考え方に基づいて判断する学習
当時の人々の生活や大日本帝国憲法は、まだ現在と比べて国民の主権が小さいことに気付く。

Ⅲ－①　自らの立場を明らかにし、社会問題を追究し続ける学習
自由民権運動の意義を踏まえ、自分たちの生活と関連付けて考えようとする。

期待する子供の姿

明治になって世の中が大きく変わったけれど、多くの人が政治に参加できるように取り組んだ人がいたんだね。私たちも将来政治に参加できる世の中に近付いたんだね。

授業展開

260年続いた江戸幕府はどのようにして終わりを迎えたのだろう ①②

　黒船が襲来した様子から、当時の人々が黒船襲来をどのように受け止めていたかを考えた。ただの感想合戦にならないように、子供たちが利用した資料は「日本とアメリカの船の性能の違い」だった。

　「幕府の立場からすれば、蒸気船の様子を見て困っただろう」

　「民衆の立場からすると、怖くもあったが、物珍しさがあったのではないか」

という発言が見られた。そこから武士の立場で考え、接近してくる外国を追い払いたいと考える者や、外国に強い態度を示さない幕府に対する不満をもつ者、また天皇中心の世の中にしようとする者など、様々な考えをもつ者が出てきて倒幕につながっていったことを捉えることができた。

明治になって、世の中はどうなったのだろう ③④⑤

　明治政府の取組を調べていくうちに、五榜の掲示や五箇条の御誓文にたどり着いた。子供のつぶやきから、「2つの違いは何だろう」「五榜の掲示と五箇条の御誓文によって、人々の暮らしはよくなったのかな」という問いが生まれた。そこで、どう変わったかを具体的に調べてみようという話になった。

- 廃藩置県や四民平等、徴兵令、学制といった制度面
- 鉄道の開通、食生活、衣服や建築物の洋風化など、生活面・開国における貿易品と人々の生活における影響

　ここでは当時の世相を読み解く一助となるように、輸出入に関わる当時の新聞風刺画を活用した。当時の世の中は大きく変わったが、人々の生活は増税で苦しくなってきたということが見えてきた。それが西南戦争につながったと分かり、西南戦争について調べてくることになった。

新しい世の中で、なぜ西南戦争が起こったのだろう ⑥

　明治維新から10年。西南戦争がなぜ起こったのか調べていくと、士族の不満から大きな争いが起こったことが分かった。しかし、その不満を「争いでなく言論で解決する動きが出てきた」ことに注目した子がいたので、その活動について調べてくることになった。自由民権運動の背景をつかむために、子供たちが個人で調べる時間をじっくりと確保した。

活動の様子

事実と意見を書き分ける板書
話し合いの拠り所となる事実と、誰の意見かを書き分ける。

考えをもって授業に臨む
調べてきたことに対して、自分の意見を添えておく。教師が見取る。

つなげて話す
前の人に意見につなげて話すことで、事実を踏まえ、論点がずれない。

単元名 自由民権運動から見る明治時代

活動の様子

ネームマグネットの利用
特に二項対立の際に、立場を明らかにして話し合える。

立場や思考のつながりを板書化
どの立場に基づき、誰の意見と関係が位置付けられるか視覚化する。

振り返りを大切にする
授業の最後に何を感じ、考えたのか、その時間の学びをすぐに記す。

自由民権運動とはどんなものだったのだろう ⑦⑧⑨⑩

　子供たちの調べてきたことから、以下のような事実が確認された。
・士族の不満を支持する民衆がいて活動が全国に広まった
・官民の対立があった
・国会開設に期待があった

　民権運動家の演説のスケジュールを資料として提示すると、民権運動の勢いが大きかったことに気が付いた。官民の民権運動に対する攻防を表す風刺画も活用した。

自由民権運動はプラスだったか、マイナスだったか

　自由民権運動に対して「抗議デモ」のようなイメージをもっていた子供は、「活動を通して争うこと自体がよくないんだよ」と話した。一方で、「国会を作って代表が話し合うのは今の世の中でも行われていることだよ」という意見が出たところで、「自由民権運動ってどんな意味があったのかいまいちよく分からない」という発言が出た。そこで、自由民権運動がプラスなものだったかマイナスだったか話し合うことになった。

+「(為政者に)自分勝手に国を動かされるよりはいい」
+「みんながちょっとずつ参加できた方が国はよくなる」
+「西南戦争のような人が亡くなる争いじゃなくて、今の選挙につながることだったからプラスだった」
+「(政府に)言いにくいことを伝えるためにはまとまって伝える必要があった」

　有権者は当時の人口比で100人に1人と分かったときに、話し合いが立ち止まった。

−「100人に1人の有権者でも、喜びなのかな」
−「99人はこれまでと何も変わらない」

という意見に対し、「国会設立によって意見を伝える場が増えることが喜びだった」「100人に1人でも政治に参加できる第一歩なんだ」という発言が出た。現在につながる自由民権運動の意義を見出す意見から、学習に深まりが見られた。

　その後、国会が開かれる前に大日本帝国憲法が発布されたことを踏まえ、「憲法ができたことで不平等条約改正につながった」との発言に対して、「憲法がどうして条約の改正につながるの？」という子供の問い返しがあり、次の単元に向けての問いがつながったところで本単元の学習を終えた。

# 算数科

自立に向かう子
創造的行動　主体的思考　共感的感情

　今、子供たちには、様々な変化に積極的に向き合い、他者と協働して課題を解決していく力と、様々な情報を見極め、再構成するなどして新たな価値につなげていく力が求められている。

　このことから、算数部では「問いをもつこと」「論理性を育むこと」「発展・活用させる態度を養うこと」を大切に考え、算数科を「日常的・数理的な事象の中から問いをもち、筋道を立てて考える論理性を育む教科」「課題解決の過程で獲得した数学的な見方・考え方を生活や学習に生かそうとする態度を養う教科」であると考えた。

教科テーマ

　算数部では、算数科の教科テーマを「問いをもち、論理的に考察する中で、数学の楽しさやよさに気付く子〜問いがつながる算数学習〜」と設定している。

　算数科の学習では、「問い」をもつことで、解決しようとする能動的な姿勢が生まれる。また、課題解決に向けて論理的に考察する過程から新しい問いが生まれると捉えている。こういった「問い」を軸とした学習過程を通して、子供たちは数学的活動の楽しさや数学のよさに気付き、学びの連続性が生まれると考える。そうすることで、算数を学び続ける子の育成をめざしている。

　「問いがつながる」とは、授業において、直感的な問いから数学的思考を促す本質的な問いへとつながることを捉えている。また、単元において、発展的な問いが生まれることで次の授業へとつながることと考えている。このように、「問いがつながる」を念頭に置いて授業のストーリーをデザインすることで、問いをもち、論理的に考察する中で、数学の楽しさやよさに気付く子の育成が実現できると考える。

どのように学ぶか ── 教科テーマに迫る「深い学び」のプロセス

　教科テーマ「問いをもち、論理的に考察する中で、数学の楽しさやよさに気付く子」に迫るためには、主体的な学び、対話的な学び、深い学びをデザインすることが大切である。

　算数科における深い学びとは、「統合的・発展的に考察することを通して、きまりが成り立つ理由や計算の仕方の意味を理解すること」「数学の楽しさやよさに気付き、生活や学習に活用しようとすること」であると考える。

　そのために、主体的な学びのプロセスとして、「自ら問いをもち、学ぶ意欲をもって、ねばり強く取り組む」「既習をもとに、解決の見通しをもつ」「学んだことを振り返り、新たな問いをもって追究しようとする」を通る必要がある。また、対話的な学びのプロセスとして、「多様な視点から物事を捉え、互いの考えを広げたり深めたりする」「言葉や数、式、図、表などで考えを伝え合い、数学的事象の本質に迫っていく」を通る必要がある。

　これらのプロセスが充実することにより、算数科でめざす資質・能力を育て「自立に向かう子」を育んでいく。

知識及び技能	数量や図形などについての基礎的・基本的な概念や性質などの理解。日常の事象を数理的に処理する技能。
思考力、判断力、表現力等	物事を数理的に捉える力。問題を発見する力。論理的（帰納、演繹、類推、発展）に考える力。目的に応じて、数学的な表現で柔軟に表す力。既習の内容と結び付け、統合的に考えたり、発展的に考えたりする力。
学びに向かう力、人間性等	数理的な処理のよさに気付き、学んだことを進んで学習や生活に生かそうとする態度。問題解決の中で、表現・処理したことを振り返り、多面的に捉え検討して、よりよいものを求めて粘り強く考える態度。

■ 数学的な「見方・考え方」

算数科の「見方・考え方」について、学習指導要領では、「事象を、数量や図形及びそれらの関係などに着目して捉え、根拠を基に筋道を立てて考え、統合的・発展的に考えること」と示されている。

すなわち、知識及び技能の習得だけを重視するのではなく、論理的、統合的・発展的に考えるという「見方・考え方」を働かせながら知識

等の習得をめざしていかなければならない。こうすることで、生きて働く知識となり、技能の習熟にもつながると考える。また、このような学習過程を通ることで、「見方・考え方」がさらに豊かで確かなものになっていくと考える。

このことから、「見方・考え方」を働かせる学習過程をデザインする必要があると考える。

■ 教育内容「何を学ぶか」

算数科では、「A 数と計算」「B 図形」「C 測定」「C 変化と関係」及び「D データの活用」の5つの領域を学習していく。

算数を学ぶことは、問題解決の喜びを味わい、人生をより豊かに生きることに寄与するものであると考える。また、これからの社会を思慮深く生きる人間を育成することにも大きく貢献すると考える。このため、数学と人間との関

わりについての認識が高まるような学習内容にしていくことが大切である。

さらに、社会生活などの様々な場面において、必要なデータを収集して分析し、その傾向を踏まえて課題を解決したり意思決定をしたりすることが求められている。このため、「D データの活用」の領域において、より一層充実した学習が行われるように配慮すべきである。

■ 学習評価の方法「何が身に付いたか」

子供の様子は以下の方法で見取る。

①子供の発言内容

②ノートに記載された内容と振り返りの言葉

「知識及び技能」では、学ぶ子供の姿を見取る。

「思考力、判断力、表現力等」では、子供の発言の内容やノートに表現された内容によって見取る。特に、論理的な説明、統合的・発展的な発

言などを価値付けるようにする。また、対話的な姿を大切にして見取るようにする。

「学びに向かう力、人間性等」では、授業中や家庭学習等の姿や、振り返りの内容によって見取る。また、問いをもち、解決方法を見通し、解決していく姿や、算数での学びを他教科や実生活に生かそうとする姿などを大切にしていく。

実践編　第2章　045

第2学年

｜単｜元｜配｜列｜表｜

4月	1. ひょうとグラフ
	2. たし算のひっ算
5月	3. ひき算のひっ算
6月	4. 長さのたんい
	5. 3けたの数
7月	6. 水のかさのたんい
	7. 時こくと時間
9月	8. 計算のくふう
	9. たし算とひき算のひっ算
10月	10. 長方形と正方形
11月	11. かけ算（1）
12月	12. かけ算（2）
1月	13. 4けたの数
2月	14. 長いものの長さのたんい
	15. たし算とひき算
	16. 分数
3月	17. はこの形

自立に向かう子を育てるための算数科の資質・能力

知識及び技能

●数量や図形などについての基礎的・基本的な概念や性質などの理解。
●日常の事象を数理的に処理する技能。

2位数の加法の計算が確実にできる技能。

2位数の減法の計算が確実にできる技能。

三角形、四角形、正方形、長方形、直角三角形の意味と性質についての理解。

乗法の意味と乗法に関して成り立つ性質についての理解。

乗法九九の計算が確実にできる技能。

加法と減法の相互関係についての理解。

思考力、判断力、表現力等	学びに向かう力、人間性等
●物事を数理的に捉える力。●問題を発見する力。●論理的（帰納、演繹、類推、発展）に考える力。●目的に応じて、数学的な表現で柔軟に表す力。●既習の内容と結び付け、統合的に考えたり、発展的に考えたりする力。	●数理的な処理のよさに気付き学んだことを進んで学習や生活に生かそうとする態度。●問題解決の中で、表現処理したことを振り返り、多面的に捉え検討して、よりよいものを求めて、粘り強く考える態度。
日常の数量を分類・整理し、工夫してグラフや表に表す力。	
	長さの量感を基に、見当をつけて測定しようとする態度。
数を相対的に捉える力。	
長さの単位の学習を基に、体積の表し方を類推して考える力。	日常生活の中で必要な時刻や時間を求めようとする態度。
式を用いて場面を簡潔に表す力。	
既習の筆算を基に、筆算の仕方を統合的に考える力。	
構成要素に着目して、三角形や四角形、長方形や正方形などの特徴を見いだす力。	図形における感覚が豊かで、身の回りから図形を見付けようとする態度。
	乗法のよさに気付き、生活の中で活用しようとする態度。
	乗法九九の構成や計算の仕方を多面的に考えようとする態度。
数を相対的に捉える力。	
長さの学習を基に、長いものの長さを表す単位について考える力。	
	場面を図に表すよさに気付き、問題解決に生かそうとする態度。
構成要素に着目して、箱の形の特徴を見いだす力。	

実践編　第2章

単元名	算数科	[2年2学期] 9時間

形をしらべよう

本単元で育てる資質・能力

　本単元で育てる資質・能力は、次のとおりである。知識及び技能の観点では、「三角形と四角形、及び正方形と長方形と直角三角形に関する知識」と「図形を構成する要素に着目して、図形を弁別する技能」を育てる。思考力、判断力、表現力等の観点では、「図形を構成する要素（辺や頂点の数、辺の長さ、直角など）に着目して、構成の仕方を考えるとともに、身の回りのものの形を図形として捉える力」を育てる。学びに向かう力、人間性等の観点では、「図形に進んで関わり、数学的に表現したことを振り返り、その表現を次の学習で活用しようとする態度」と「図形を多面的に考察しようとする態度」を育てる。

　特に、学びに向かう力、人間性等の観点で述べている「次の学習で活用しようとする態度」とは、図形を構成する要素に着目して論理的に説明するよさを実感し、数学的な表現へと変容していく姿と捉える。このような姿が育まれれば、他の学習でも活用していこうとする力は高まると考える。

子供の実態と主体的・対話的で深い学びに向かう姿

　身の回りには、様々な形が溢れている。その中で、子供たちは形を全体的・直感的に捉えて「さんかく」や「しかく」などの言葉を使って表現してきた。さらに、本学級の子供たちは、タングラムの活動を通して、形を組み合わせることに親しんできた。多くの子供が形を回転させたりずらしたりするなど、楽しみながら組み合わせ方を考える様子が見られた。しかし、事前の確認テストだと、形の構成・分解における見方についてやや課題が見られた。

　このような実態を踏まえ、本単元では、形を全体的・直感的に捉える見方から、構成要素に着目して三角形や四角形を捉える見方へと変容する姿や、図形を多面的に考察することを楽しむ姿をめざす。そのような学びを通して、図形の構成・分解における豊かな見方を育むようにする。このような姿を本単元での主体的・対話的で深い学びに向かう姿と捉え、学習過程をデザインする。

本単元と社会とのつながり—授業をデザインするコンセプト

　本単元のコンセプトは、「問いの浸透と学び合いを軸とした算数学習」と設定した。主体的に問題解決を行うためには、子供自身が問いをもつことが大切である。さらに、子供たち全員での深い学びを実現するためには、一人の問いだけで進めるのではなく、子供たち全員がその問いに浸ることが必要である。そこで、問いの浸透を促す発問や時間の保障を大切にする。また、学び合いを軸にして、他者を受け入れる共感的感情の深まりをめざす。

　実社会においても主体的に課題を発見し、解決に導く力が必要である。また、課題解決にあたっては、他者と協働して解決する場合もある。さらには、相手に説明し納得してもらう論理性を養うことも不可欠である。その点において、本単元では、図形を構成する要素に基づいた論理的な説明を行うことで、論理性を養うことができると考える。それから、図形を回転させたりずらしたりするなど、多様な見方をすることで、多面的な視点での考察力も養うことができると考える。

048

授|業|設|計|　　　　　　　　　　　　　　　　　　　　　全9時間

問いと学び合いを大切にした学習

子供の学びのストーリー

○形を仲間分けしよう。①
・直線やかどの数に目を向けよう。
○三角形か四角形かを見分けよう。②
・これは、3本の直線で囲まれているから、三角形だね。
・これは、4本の直線で囲まれているから、四角形だね。
○身の回りの四角形を調べよう。③
・どれもかどの形がかちっとしているよ。
・かちっとしたかどのことを直角と言うんだ。
○長方形を見つけよう。④
・これは、4つのかどがみんな直角だから、長方形だね。
○正方形を見つけよう。⑤
・これは、4つのかどがみんな直角で、4つの辺の長さがみんな同じだから、正方形だね。
○直角三角形を見つけよう。⑥
・これは、直角のかどがあるから、直角三角形だね。
○新しく学習した形をかこう。⑦
・マスを使えば、直角が簡単にかけるね。

○三角形で正方形を作ろう。⑧
　　　　　　　　　　　　　　本時

どの三角形なら、正方形を作ることができるでしょうか。

 ア　 イ　 ウ

・アとイなら正方形が作れるけど、ウはできないと思う。
・4つのかどがみんな直角で4つの辺の長さがみんな同じだから、これは正方形だよ。
・もっと大きな正方形が作れるんじゃない。
・ウは、本当にできないのかな。
・ウは、真ん中で切ればできるよ。

○きれいなもようを作ろう。⑨
・敷き詰め方を変えれば、いろいろな模様が作れるよ。

教師のストーリーデザイン

①形を全体的・直感的に捉える見方
　例：丸みを帯びていても「さんかく」など
②形を構成したり、分解したりする活動
　例：「しかく」は「さんかく」2枚で構成できるなど

I 主体的な学びのプロセス—①
三角形なのか四角形なのか、自ら問いをもち、構成要素を丁寧に調べようとする学習。

II 対話的な学びのプロセス—②
図形の構成要素を根拠にした、論理的な説明へと磨かれていく学習。

III 主体的な学びのプロセス—②
長方形での学習を生かして、正方形でも構成要素を根拠に説明しようとする学習。

IV 主体的な学びのプロセス—③
形の特徴を振り返り、かきたいという新たな問いに向かって解決しようとする学習。

V 対話的な学びのプロセス—②
自ら作った形が正方形であるかを、構成要素に着目して論理的に説明し合う学習。

VI 深い学びのプロセス—②
三角形を用いた正方形の構成について考え、図形の見方を豊かにすることができる。

VII 深い学びのプロセス—②
模様の中に見える図形を考えながら、敷き詰めによる模様作りを楽しむことができる。

期待する子供の姿

辺や頂点の数、辺の長さ、直角などを調べれば、三角形と四角形だけではなく、正方形や長方形、直角三角形も見分けることができるよ。図形はいろいろな見方ができて楽しい。

授業展開

形を仲間分けしよう ①

様々な形をくじにして、子供に「当たりくじはどれでしょう」と言って引かせた。自然と当たりくじになる形の特徴を考えはじめ、辺の長さと頂点の数に着目することができた。その上で、「三角形」と「四角形」の定義を指導した。さらに、おにぎりの形やくさび形などを提示することで、これまで直感的に「さんかく」や「しかく」と思っていたものを定義に合わせて捉え直すことができた。

三角形や四角形を見分けよう ②

「三角形の中に直線を1本引いて、四角形を作りましょう」という問題を提示した。すると、直線の引き方で四角形の形は様々にできることに気付いた。次に、できた形が四角形なら4点、三角形なら3点として合計点を競い合うようにした。三角形に1本の直線の場合は、3 + 3 = 6点か、3 + 4 = 7点の2通りしかない。しかし、子供には「7点より高い得点は本当にないの?」と聞く。すると、「直線の数を2本にすればできるよ」や「もとの形を四角形にしたらできるよ」という意見が出された。その意見どおりに調べていくと、7点より高い得点が出せることが分かった。さらに、頂点を通らないように直線を引けば、必ず最高得点が出せることにも気付くことができた。授業後の自学ノートでは、五角形や六角形について主体的に調べる子供の姿が見られた。

身の回りの四角形を調べよう ③

机や黒板消し、教科書などをシルエットにしてクイズを出した。子供は、既習を生かして辺の長さやかどの形に着目した。その上で、かどの形の特徴として「直角」を指導した。この学習は、机のかどの丸みを安全面という観点から捉え直すことができ、実生活の工夫にもつながった。

長方形、正方形を見つけよう ④⑤

教科書に提示されている図形を、直角の数で整理して板書した。その上で、「直角三角形」「長方形」「正方形」の定義を指導した。すると、子供から「直角3個の図形ってないの?」という問いが生まれ、主体的にノートにかいて調べはじめた。その結果、五角形にすればかけることに気付いた。子どもの問いは、「だったら、直角5個ができるのかな」というように発展していき、夢中にノートにかいて調べる姿が見られた。この活動を通して、直角に着目する意識を高めることができた。

活動の様子

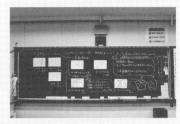

つぶやきを残す板書
子供のつぶやきから、本質的な問いを板書し全体の問いにしていく。

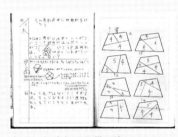

表現したくなる子供の姿
自ら思い付いた考えを図や言葉を使って、ノートに表現する。

問いを仕組む板書
直角2個と4個の間をあえて空け、3個は?という問いにつなげる。

単元名 **形をしらべよう**

活動の様子

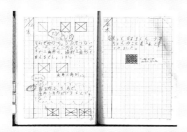

主体的に調べる子供の姿
問いをもつことで、自らノートに図をかいて調べる。

三角形から正方形を作る活動
ペアで対話しながら、図形を操作して正方形を作る。

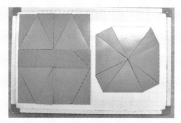

子供が作ったすてきな模様
前時に使った図形を組み合わせることで、対称性のある模様ができる。

直角三角形を見つけよう　⑥

　長方形と正方形を2本の対角線で分けたときの三角形の形を問題にした。調べた結果、正方形は直角三角形になることに気付いた。しかし、「たまたまそうなっただけでしょ」と揺さぶると、辺の長さの違う正方形をかいて、主体的に調べる姿が見られた。このように帰納的に調べていくことで、正方形は直角三角形で分けられることがはっきりと分かった。ここで、「長方形は絶対にできないね」と聞くと、子供から「もう1本直線を引けば、直角三角形が作れるよ」という意見が出された。このように、直角三角形を作る活動を通して、直角三角形の定義の理解を深めることができた。

新しく学習した形をかこう　⑦

　これまで学習してきた形の作図活動に取り組んだ。直角を書くのにノートのマスを活用する方法と、三角定規の直角を活用する方法の2つが確認された。

三角形で正方形を作ろう　⑧

　3種類の三角形（ア：底辺5cm 高さ10cm、イ：底辺5cm 高さ5cm、ウ：底辺10cm 高さ10cm）から正方形を作る問題を提示した。まず、アの三角形を提示すると、子供たちは正方形ができる派とできない派に分かれた。実際に作ってみると、アの三角形を4枚使えば正方形のような形ができた。その上で、正方形である理由を論理的に説明させた。子供たちは、三角定規で直角と辺の長さを調べ、正方形であることを論理的に説明することができた。すると、「他にもできるよ」というつぶやきから、三角形の向きを変えた正方形の作り方まで知ることができた。ここで、同じ正方形でも模様の違う正方形ができることに気付くことができた。また、4枚ではなく、16枚で正方形を作る子供がいて、より大きな正方形をつくる主体性が見られた。このように、アの三角形だけでも正方形を作る活動を通して、様々な図形の見方を働かせることができた。その後、ウの三角形を提示することで、アの三角形と組み合わせて正方形を作るアイデアに気付かせることができた。これらは、次時の敷き詰めにつながる実践となった。

きれいなもようを作ろう　⑨

　前時のア、イ、ウの三角形を使って、様々な模様作りに取り組んだ。形の向きを変えたり辺の長さに気を付けたりしながら、楽しんで自分だけの模様を作ることができた。

理科

自立に向かう子
創造的行動 主体的思考 共感的感情

　理科は、見いだした問題を「科学的に解決していく」ことが大切である。子供たちが問題解決の過程に沿って、実証性・再現性・客観性を重視して追究していくためには、ストーリーデザインを工夫して構成していくようにしている。また、問題解決を通して獲得した科学的概念、性質、規則性を用いて、自然の事物・現象や日常生活を見つめ直し、学習した内容について実感を伴った理解を目指すとともに、飼育・栽培活動や生命の誕生などの学習を通して、生物愛護や生命尊重の態度を育み、自然を愛する豊かな心情（自然観）を養っていく教科であると考えた。

教科テーマ

　理科では、教科テーマを「『探究心』と『探求心』をもち続け、自分の考えをつくっていく子」と設定している。

　理科の学習では、見いだした問題を科学的に解決していくとともに、問題解決を通して獲得した科学的概念、性質、規則性を用いて、自然の事物・現象や日常生活を見つめ直し、学習した内容について実感を伴った理解を目指す。また、飼育・栽培活動や生命の誕生などの学習を通して、生物愛護や生命曽雲長の態度を育み、自然を愛する豊かな心情（自然観）を養っていく。

　そのためには、身の回りの自然の事物・現象から見いだした問題を科学的に解決していこうとする姿勢（「探究心」と設定）と、教室を離れても、自然の事物・現象や日常生活を見つめ直し、学びを広げていこうとする姿勢（「探求心」と設定）をもち続けることが必要であると考える。

　この「探究心」と「探求心」をもち続けることで、様々な授業場面で、自分の考え（予想・仮説、検証方法、考察、自然観）をつくっていく（判断・表現していく）子を育んでいくことができるのではないかと仮定している。

どのように学ぶか ── 教科テーマに迫る「深い学び」のプロセス

　教科テーマ「『探究心』と『探求心』をもち続け、自分の考えをつくっていく子」に迫るためには、主体的な学び、対話的な学び、深い学びをデザインし、「自立に向かう子」の創造的行動と主体的思考の側面を育てていく。

　身の回りの事物・現象から問題を見いだし、予想・仮説を立て、実験結果など、見通しをもちながら自分の考えを検証していく方法を考える。実験結果から考察をし、獲得した科学的概念を基に、さらなる問題を見いだす。自らが見いだした問題に対して追究する「主体的な学び」、問題を解決していく中で友達の考えと自分の考えを比較し、考えを変容させたり補強したりしていき、より妥当な考えをつくっていく「対話的な学び」の２つの学びを大切にする。

　つまり「深い学び」とは、理科の見方・考え方を働かせ、既習の「知識」や実験結果を表やグラフにまとめる「技能」を活用しながら、学びの過程で「思考・判断・表現」をし、科学的概念を獲得していくことである。そして、学びを通して自然を見つめ直し、自然や生物を大切にしていこうとする心情を育むことである。

知識及び技能	自然事象について、区分や領域、単元ごとに、問題解決の活動を通して獲得した科学的概念や性質、規則性に関する理解と、区分や領域、単元ごとの観察・実験の過程や結果を、言葉や文章、グラフなどを使って記録する基本的な技能。
思考力、判断力、表現力等	区分や領域、単元ごとの目的に対して、実験方法を立案し、条件を制御しながら、見通しをもって観察・実験に取り組むことを通して、より妥当な考えをつくるとともに、それを言葉や文章、図などを使って表現する力。
学びに向かう力、人間性等	自然事象の当たり前に対して疑問をもち、知識及び技能を活用して他者と関わりながら、科学的に「探究」していこうとする姿勢と、学んだことを日常生活に当てはめ、科学的な「探求」をしていこうとする姿勢。

■ 理科の「見方・考え方」

理科の「見方・考え方」について、新学習指導要領では、「見方」を「自然の事物・現象を、『エネルギー』を柱とする領域では、主として量的・関係的な視点、『粒子』を柱とする領域では、質的・実体的な視点、『生命』を柱とする領域では、多様性と共通性の視点、『地球』を柱とする領域では、時間的・空間的な視点で捉えること」と示し、「考え方」を「児童が問題解決の過程の中で用いる、比較、関係付け、条件制御、多面的に考えること」と示している。

すなわち、「見方」は、それぞれの領域における特徴的な視点であり、「考え方」は、これまで理科で育成を目指してきた問題解決の能力を基にした考え方であり、資質・能力を育む過程で働く、自然の事物・現象を捉えるための視点や考え方である。

■ 教育内容「何を学ぶか」

理科固有の学びとして、「理科の学び方」を学ぶということが挙げられる。それは、①自然の事物・現象からの問題の見いだし、②問題に対する予想・仮説、③検証する観察・実験方法の立案、④結果（情報）の整理、⑤問題に対する考察。このような過程を経て、学習問題を科学的に解決する資質・能力を獲得していく。つまり「理科の学び方」とは、問題に対する自分の考えを科学的な手続きで検証する営みのことである。なお、「科学的」とは「実証性」「再現性」「客観性」が確立されていることを指す。

学習内容は、A区分の「物質・エネルギー」とB区分の「生命・地球」の2つに分けられ、それぞれ着眼する見方も異なる。

■ 学習評価の方法「何が身に付いたか」

子供の様子は以下の方法で見取る。
①発言の表現
②ワークシートやノートの記述・表現

上記に表れる子供の表現は、理科学習においては、科学的な思考の表れと捉えることができる。それらをワークシートやノートから中心に見取り、評価をしていく。

様々な表現（言葉、文章、グラフ、図など）を利用することで、子供自身が自分の考えを自覚し、科学的概念の獲得や深化へのメタ認知をはかることにもつながっていく。さらに、明確な見通しをもって学習を進めていく上で、子供自身の自己評価は不可欠である。学習過程において、自分の考えや表現は適切であったかを継続的に振り返ることにより、「理科の学び方」を学んでいくのである。

実践編 第2章

第6学年
|単|元|配|列|表|

4月	1. 空気のちから
5月	2. 人や動物の体
6月	3. 植物の養分と水の通り道
7月	4. 生物の暮らしと環境
9月	5. 電気のちから
10月	6. 太陽と月の形
11月	
12月	7. 水溶液の性質
1月	8. 自然と共に生きる
2月	9. 大地のつくりと変化
3月	10. 不思議なちから

自立に向かう子を育てるための理科の資質・能力

知識及び技能

●自然事象について、区分や領域、単元ごとに、問題解決の活動を通して獲得した科学的概念や規則性に関する理解と、区分や領域、単元ごとの観察、実験の過程や結果を、言葉や文章、グラフなどを使って記録する基本的な技能。

植物体が燃える時には空気中の酸素が使われ、二酸化炭素ができることを粒子概念で理解する。

手回し発電機を使った発電やコンデンサーを使った蓄電、電気の変換についての知識。
発電や蓄電について検証した実験結果を表やグラフなどを活用して記録する技能。

水溶液の性質について検証した実験結果を、表やグラフなどを活用して記録する技能。

既習内容や学習経験を基に、環境問題について言葉や数値などを活用する技能。

てこを使った実験結果を言葉や数値を用いて記録する技能。

思考力、判断力、表現力等	学びに向かう力、人間性等
●区分や領域、単元ごとの目的に対して、実験方法を立案し、条件を制御しながら、見通しをもって観察・実験に取り組むことを通して、より妥当な考えをつくるとともに、それを言葉や文章、図など使って表現する力。	●自然事象の当たり前に対して疑問をもち、知識及び技能を活用して他者と関わりながら科学的に「探究」していこうとする姿勢と、学んだことを日常生活に当てはめ、科学的な「探求」をしていこうとする姿勢。
見通しのある検証方法を発想し、イメージ図・言語などで自分の考えを表現する力。	当たり前と思ってきたことから問題を見付け、自分たちで考え、追究していこうとする姿勢。 友達や他のグループの考えを受け止め、考えを補強したり、更新したり、変容させていく姿勢。 - - - - - - - - - - 人体について学ぶことで、当たり前と思っていた自分の体を見つめ直していく姿勢。
	生物と空気や水との関わりについて考え、そのつながりを追究し、自然を慈しむ態度。
発電や蓄電について、量的・関係的な視点で捉え、多面的に考えていくことで、より妥当な考えをつくる力。 発電や蓄電について問題を見いだし、理由や根拠のある予想をし、見通しのある実験方法で確かめ、分かったことを言葉や文章、図などで表現する力。	電気エネルギーの学習を通して、他者と関わりながら、科学的に探究していこうとする姿勢。 発電や蓄電の概念を日常生活に当てはめ、科学的な探求をしていこうとする姿勢。 エネルギー資源や自然との関わり方を見つめ直そうとする心情。
月の満ち欠けと太陽・月の位置関係について、見通しをもって観察に取り組み、結果から自分の考えを表現する力。 - - - - - - - - - -	
	酸性雨などの環境問題を通して、自然との関わり方を見つめ直し、よりよい自分たちの生き方を考えていく姿勢。
	自分たちの学校の周りや鎌倉市内にも地層が見られる露頭があり、その学習を通して、鎌倉の自然に対して愛着を持つ心情。
てこのきまりや規則性について、理由や根拠のある予想をし、見通しのある検証方法を発想して、言語などで自分の考えを表現する力。	

実践編　第2章　055

単元名 理科　　　　　　　　　　　　　　　　　　　　　　　　　　[6年2学期] 20時間

電気のちから

本単元で育てる資質・能力

　本単元で育んでいきたい資質・能力は、知識及び技能としては、①手回し発電機を使った発電やコンデンサーを使った蓄電、電気の変換についての理解、②手回し発電機やコンデンサー、豆電球やLEDを安全に正しく使用する技能、③発電や蓄電について検証した実験結果を表やグラフなどを活用して記録する技能の3つである。

　思考力、判断力、表現力等としては、①発電や蓄電について、量的・関係的な視点で捉え、多面的に考えていくことで、より妥当な考えをつくる力、②発電や蓄電について問題を見いだし、理由や根拠のある予想をし、見通しのある実験方法で確かめ、分かったことを言葉や文章、図などで表現する力の2つである。

　学びに向かう力、人間性等としては、①電気エネルギーについて、他社と関わりながら、科学的に探究していこうとする姿勢、②発電や蓄電の概念を日常生活に当てはめ、科学的な探求をしていこうとする姿勢、③エネルギー資源や自然との関わり方を見つめ直そうとする心情の3つである。

子供の実態と主体的・対話的で深い学びに向かう姿

　4月に出会ってから半年、理科学習において、先行知識をもつ子たちと素朴概念だけをもつ子たちの差が大きいため、理科の学び方（問題解決）を確認しながら、じっくり子供たちと向き合ってきた。その際、知識や技能をひけらかすだけの時間にならぬよう、生活経験や既習内容をもとにした予想や実験方法の立案、そして実験結果に基づいた考察表現に価値付けを図り、主体的に考え、表現しやすい環境を目指してきた。また、クラス全体で考え方を伝え合うと、1／3程度の子たちの想いに限定されてしまうことが多いため、必要感のあるときには、ペアやグループで伝え合う場面を設け、「自分たち」で学習問題を解決していく姿勢を大切にしてきた。

　本単元では、自分たちの身の回りに「当たり前」にある電気のちからを実感し、日常生活が支えられていることに改めて気が付くとともに、エネルギー資源や自然との関わり方を見つめ直し、自然との共生を考えていこうとする姿が、深い学びに向かう姿であると考えた。

本単元と社会とのつながり—授業をデザインするコンセプト

　本単元のコンセプトは、「問題を見いだし、『自分たち』で解決していく理科学習」と設定した。現代の私たちの生活において、「エネルギー」は必要不可欠なものであり、その中でも「電気エネルギー」は、普段「当たり前」のように使用し、日常生活において最も身近なエネルギーである。しかし、「当たり前」にありすぎて、その概念や価値には目が向けられていない。

　また、東日本大震災以降、日本のエネルギー問題に対しての意識がこれまで以上に高まり、再生可能エネルギーが注目され、持続可能な社会づくりに向けて、エネルギー資源の有効利用が謳われている。日本のエネルギー事情や発電方法を調べたり、身近なもので「My発電機」を作ったりしながら、電気エネルギーの「変換と保存」や「有効利用」について考え、探究していくことで、日常生活や自然との関わり方を見つめ直すとともに、学習後にはエネルギーと人間の生活から、地球や自然と人間を含めた生物との共生に関心を広げ、考えていくためのきっかけにしていきたい。

| 授 | 業 | 設 | 計 |

自分たちで考え、解決するエネルギー

全20時間

子供の学びのストーリー

「エネルギーってきくと…。」（話し合い）①
・発電　・太陽光　・電化製品　・石油
「太陽光を集めて、料理をしてみよう！」
・太陽のちからってすごい。（ものづくり）②③
・この方法なら家でもつくれそうだね。
・太陽光を集めるだけでものが焼けるのにおどろいたよ。
→（太陽光は）熱エネルギー以外にどんなエネルギーをつくりだせたかな？（次時に向けて）
日本の発電について伝え合おう！
・火力発電が多いんだね。（伝え合い）④⑤
・太陽光は再生可能エネルギーっていうんだね。
→みんなが調べた発電方法を生かして、自分たちで電気がつくれないかな？
自分たちで発電してみよう！（ものづくり）⑥⑦
・なかなかモーターを回すことができないよ。
・発電できたけれど、豆電球の光は暗いね。
→自分たちで発電するのは大変だね。
手回し発電器で発電してみよう！（探究）
・ものにつなぐと、ハンドルが固くなるね。⑧⑨⑩
・速く回すと豆電球が明るくなるね。
・LEDは手ごたえが軽いんだな。
→ハンドルの回し方を変えると、電気の大きさや向きは変わるんだね。（獲得させたい科学的概念）
発電した電気をためてみよう！（探究）⑪⑫
・たくさん回すほど、電気がたくさんつくられるんだね。
・豆電球よりLEDの方が長く光がついていたよ。
・ハンドルが勝手に動いたよ。
→ハンドルをたくさん回すほど、電気をたくさんためられるんだね。（獲得させたい科学的概念）
→LEDの方が豆電球より効率がよさそうだったよ。

> 本時：（探究）⑬⑭⑮
> 豆電球はLEDより効率がよくないのかな？
> ・LEDの方が電気を使わないんだよ。
> ・豆電球はパワーをすごく使うんじゃないかな。
> →LEDは豆電球より効率がよさそうだね。

電気エネルギーは熱エネルギーになるのか確かめてみよう？（探究）⑯⑰
・モーターが熱くなっていたからなるよ。
・IHコンロって電気エネルギーのはずだよ。
→電気エネルギーは熱エネルギー以外にどんなエネルギーに変えられているのかな？
電気エネルギーの利用方法を考えてみよう！（探究）⑱⑲
・音楽が聞けるよ。
・ものを動かすことができるよ。
→電気エネルギーは色々なものに変えられているんだね。
自分たちの日常生活を見つめてみよう！
・せんぷうきは運動エネルギーかな。（探究）⑳
・学校の中だけでもたくさんあるよね。
→電気のちからってすごいんだね！

教師のストーリーデザイン

1学期に探究してきたものの燃焼、呼吸、光合成を通して、二酸化炭素への関心が高まっている。二酸化炭素から地球温暖化へと話題が広がり、日常生活を見直していく中で、エネルギー領域に着目するようにした。

Ⅰ 深い学びのプロセス―①
3・4年生の既習内容を想起させるために、NPO法人「ソフトエネルギープロジェクト」から講師を招き、太陽光を熱エネルギーに変えるソーラークッカーをひとり1つずつ作成し、そこから電気エネルギーへと関心を広げ、探究していく。

Ⅱ 主体的な学びのプロセス―①
自分が調べたことをもとに、○○発電グループを作成し、発電の仕組みやメリット・デメリット、自分たちの考えについて伝え合う。

Ⅲ 対話的な学びのプロセス―①
伝え合った発電の仕組みを参考にして、自分たちで電気をつくりだせるかを試す。

Ⅳ 対話的な学びのプロセス―①
手回し発電機を使った自由試行を振り返り、発電の性質について伝え合い、知識・技能を習得していく。

Ⅴ 深い学びのプロセス―①
発電・蓄電について、量的な視点で捉え、既習内容を活用して、多面的に考え、より妥当な考えをつくっていく。

Ⅵ 主体的な学びのプロセス―①
豆電球とLEDの点灯時間の違いから、エネルギーの変換・有効利用について探究をしていく。

Ⅶ 対話的な学びのプロセス―②
豆電球とLEDの違いについて、自分の考えと友達の考えを比較し、考えを変容させたり、補強したりしていく。

Ⅷ 深い学びのプロセス―①
変換について、関係的な視点で捉え、既習内容や生活経験を活用して、多面的に考え、より妥当な考えをつくっていく。

Ⅸ 深い学びのプロセス―②
獲得した資質・能力を、自分たちの日常生活に当てはめ、エネルギー資源や自然との関わり方を見つめ直していく。
日常生活の中でエネルギーの有効利用について考え、ものづくりに活用していく。

期待する子供の姿

・電気のちからは、やっぱり私たちの生活に欠かすことはできないんだね。
・電気が使えなくならないようにするためには、どうしていったらいいんだろう。

授業展開

　1学期、「ものの燃え方」「消化と呼吸」「植物のつくり」の学習内容を、二酸化炭素を軸にストーリーデザインすることで、子供の思考がつながるようにした。夏休みには、自由学習として一人ひとりが「二酸化炭素」について調べたり、実験に取り組んだりして、9月に国語科の授業でその内容の伝え合いをしてきた。すると、「CO_2削減」「地球温暖化」というキーワードが挙がり、「電気をこまめに消す」「車に乗るときは…」という話題になった。そこから、自分たちの生活の中にある身近な「エネルギー」を想起させ、ストーリーをつくっていくことにした。

「エネルギーってきくと…」（話し合い） ①

　「エネルギー」というキーワードから、ウェビングで話題を膨らませ、既習内容の確認とともに、素朴概念と先行知識を見取り、ストーリーデザインの参考にした。

「太陽光を集めて、料理をしてみよう」（ものづくり） ②③

　新学習指導要領を見据え、「太陽光」を活かしたストーリーにしていくために、前時の子供の声を取り上げ、太陽光エネルギーを熱エネルギーにするソーラークッカーを一人ひとつ作成した。作成にあたり、「NPO法人ソフトエネルギープロジェクト」から講師の先生をお招きした。本校にはパラボラ型の大きなソーラークッカーもあるが、自分たちに身近なもので作成ができ、パンやソーセージが焼けたことに驚いていた。

「日本の発電について伝え合おう！」 ④⑤

　ソーラークッカーを3年生で扱い、光電池を4年生で学んでいるため、過去の既習内容を想起させながら、電気エネルギーがどうやってつくられているのかを話し合った。その後、一人ひとりが発電について調べ、調べた発電方法ごとにグルーピングをして、調べた内容の伝え合いをした。

「自分たちで発電してみよう！」（ものづくり） ⑥⑦

　調べた発電方法について伝え合うことで、イメージを膨らませていった子供たち。そんな中「タービンを回すのは共通だね」という声が上がった。その発言を取り上げ、調べたことを活用して、一人ひとりが「My発電機」をつくることにした。

　電気をつくれたか、つくれなかったかを確認する方法として、子供たちは「豆電球」を選んだ。豆電球に光がつけば、電気がつくられたということになると考えたからである（3年回路概念、4年電流概念）。

活動の様子

「エネルギー」からのウェビング
「発電」「太陽光」「ソーラーパネル」などが挙げられた。

日本の発電について伝え合おう！
風力発電について模造紙にまとめ、他のグループに伝える。

自分たちで発電してみよう！
風力発電機を選択する子が多い中、火力発電機づくりに挑戦している。

単元名 電気のちから

活動の様子

つくりだした電気をためてみよう
コンデンサに電気を蓄電し、豆電球やモーターにつないで確かめる。

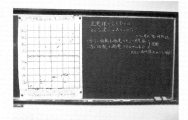

結果を分布図で集約し、情報の整理
分布図から傾向を考察した後、豆電球とLEDの違いについて考える。

電気エネルギーから熱エネルギーへ
熱の有無から熱エネルギーへの変換を2種類のニクロム線で確かめる。

「手回し発電機を使ってみよう！」（自由試行） ⑧⑨⑩

　風力発電や太陽光発電では電気がつくれた子もいたが、多くの子はなかなかつくれず、試行錯誤していた。「発電するのって難しい」という想いに対して手回し発電機に出合わせ、その働きの価値を印象付け、自由試行の時間を設けた。

「つくりだした電気をためてみよう！」（自由試行） ⑪⑫

　自由試行時に「手回し発電機を回しているとき、強い光がずっとついていることはなかった」と振り返った子の想いを取り上げ、同じ明るさの光を持続させるためにはどうしたらいいのかを話し合った。すると「電気をためて使えばいい」という話題が挙がり、コンデンサの提示をはかった。

「豆電球はLEDよりも効率がよくないのかな？」 ⑬⑭⑮

　手回し発電機の自由試行の振り返りの中で、「同じリズムで回したとき、LEDの方が明るく光ったから、豆電球よりも効率がよさそうだ」と書いた子がいた。その子の想いを取り上げ、みんなで追究していくことにした。

　学習問題に対して予想をしていく際、点灯時間だけでなく、明るさや使う用具の種類まで話が広がり、教師の想定を超えていく姿が見られた。実験方法立案では様々な方法が提案されたが、「より分かりやすく、みんなが参加できて、短い時間で確かめられる方法」と条件付けると、4人1グループで役割分担をして、コンデンサに蓄電し、豆電球とLEDにそれぞれつないで、双方の点灯時間を記録していく方法になった。実験結果を分布図にしてクラス内で共有したが、蓄電される電気量が少なくても短時間だが光る豆電球と、ある程度蓄電されると長時間光るLEDとで、「効率のよしあし」の判断が難しく、考察表現しづらい子供の一面も見られた。

「電気エネルギーは熱エネルギーになるのか確かめ、利用方法を考えてみよう！」 ⑯⑰⑱⑲

　前時の振り返りとして、豆電球とLEDの違いについて考えると、「熱の有無」についての気付きが挙がり、電気エネルギーから熱エネルギーへの変換を2種類のニクロム線で確かめた。

「自分たちの日常生活を見つめてみよう！」 ⑳

　「改めて電気のありがたみが分かった」「私たちの生活は電気に支えられている。大切に使いたい」など、電気の価値の再認識や省エネに関する想いを見取ることができた。

実践編　第2章

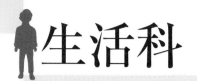

自立に向かう子

　「自立に向かう子」を具体的な活動や体験を重視している生活科を通して育むために「主体的思考＝自分らしさの発揮」「共感的感情＝違いを認め合い、補い合う姿」「創造的行動＝自らの思いや願いを実現する姿」と捉えた。
　このことから、生活科では「自立に向かう子」を「自分らしさを発揮したり、互いの違いを認め合い、補い合ったりしながら思いや願いを実現する過程において様々なことを学び、他者と共に豊かな生活を創り出していく教科と考えた。

教科テーマ

　生活科では教科テーマを「豊かな生活を自ら創り出していく子」と設定している。
　生活科の学習では「学習上の自立」「生活上の自立」「精神的な自立」という３つの自立の度合いを高めくいくことにより、子供の生活はより豊かなものになると考える。
　「豊かな生活」とは、子供たちが身近な「人・もの・こと」を自分との関わりで捉えたり、自分の思いや願い、活動によって、それらの関わりを深めたり広めたりすることができることである。

　さらに、生活上必要な習慣や技能が身に付いたり、自分自身の成長に気付いたりし、自ら「自分の生活が豊かになった」という実感を伴ったとき、さらに自らの生活を充実させ、自立に向かう子になると考えた。
　このことから、生活科では子供たちが自分たちの思いや願いを実現していくことを通して、実生活を楽しく充実させたり、夢や希望を膨らませたりしながら、他者と共に自ら豊かな生活を創り出す姿こそ、自立に向かう子であると考え、教科テーマを設定した。

どのように学ぶか ── 教科テーマに迫る「深い学び」のプロセス

　「豊かな生活を自ら創り出していく子」に迫るためには、主体的な学び、対話的な学び、深い学びをデザインすることが大切である。
　生活科における深い学びとは、「体験活動と表現活動とが、豊かに行きつ戻りつする相互関係の中で身近な生活に関わる見方・考え方を生かしながら気付きの質を高めていく」学びであると考える。
　学習活動において、体験活動と表現活動の相互作用の中で、子供たちが何度も対象と繰り返し関わりながら表現し考えることを通して、学習活動の質そのものが高まるとともに、一人一人の気付きの質を高めていくことができる。
　また、そうしたプロセスを繰り返すことで、子供たち自身に学び方や身近な生活に関わる見方・考え方が身に付き、さらに気付きの質を高めていくことができるだろう。このように「深い学び」のプロセスによって、思いや願いを実現させた子供たちは、自分自身への成長を感じる。同時に、生活科で学んだ学びや学び方を実生活に生かし、豊かな生活を自ら創り出すことで「自立に向かう子」を育んでいく。

知識及び技能の基礎	活動や体験の過程において、自分自身、身近な人々、社会及び自然の特徴やよさ、それらの関わり等に気付くとともに、生活上必要な習慣や技能を身に付けるようにする。
思考力、判断力、表現力等の基礎	身近な人々、社会及び自然を自分との関わりで捉え、自分自身や自分の生活について考え、表現することができるようにする。
学びに向かう力、人間性等	身近な人々、社会及び自然に自ら働きかけ、意欲や自信をもって学んだり生活を豊かにしたりしようとする態度を養う。

■ 身近な生活に関わる「見方・考え方」

生活科の見方・考え方について、新学習指導要領では「身近な人々、社会及び自然を自分との関わりで捉え、自分の生活において思いや願いを実現していくという学習過程の中にある思考を生かすこと」と示されている。

すなわち、身近な生活に関わる見方とは、身近な生活を捉える視点であり、身近な生活における人々、社会及び自然などの対象と、自分がどのように関わっているかという視点である。

また、身近な生活に関わる考え方とは、自分の生活において思いや願いを実現していく学習過程の中にある思考である。

生活科の学習過程において、この見方・考え方を生かし、発揮していくことで、見方・考え方が確かなものとなり、一層活用できるようになっていく。

■ 教育内容「何を学ぶか」

生活科の学習では子供たちにとって身近である9つの内容を学習していく。

第1の階層では「学校、家庭及び地域の生活に関する内容」として、(1)学校と生活、(2)家庭と生活、(3)地域と生活がある。

第2の階層では「身近な人々、社会及び自然と関わる活動に関する内容」として、(4)公共物や公共施設の利用、(5)季節の変化と生活物を使った遊び、(7)動植物の飼育・栽培、(8)生活や出来事との交流がある。

第3の階層では「自分自身の生活や成長に関する内容」として、(9)自分の成長がある。

このように、自らの生活を豊かにしていくために低学年の時期に体験させておきたい活動を通して、次第に子供たち一人一人が自らの認識を広げ、資質や能力及び態度を育成していく。

■ 学習評価の方法「何が身に付いたか」

子供の育ちは以下の方法で見取っていく。
①実際の活動の様子
②子供の振り返りの言葉
③子供の表現活動での作品

活動や体験の過程において、自分自身、身近な人々、社会及び自然の特徴やよさ、それらの関わり等に気付くとともに生活上必要な習慣や技能を身に付けることを知識及び技能の基礎とする。

また、身近な人々、社会及び自然を自分との関わりで捉え、自分自身や自分の生活について考えたり、自分の思いや願いを表現したりすることを思考力、判断力、表現力等の基礎とする。

そして、身近な人々、社会及び自然に自ら働きかけ、意欲や自信をもって学んだり、生活を豊かにしていこうとしたりする態度を養うことを学びに向かう力、人間性等とする。

実践編　第2章　061

第1学年

｜単｜元｜配｜列｜表｜

知識及び技能
●自分自身、身近な人々、社会及び自然との関わりに気付くとともに、生活上必要な習慣や技能を身に付けるようにする。

月	単元	自立に向かう子を育てるための生活科の資質・能力	知識及び技能
4月	がっこうだいすき ・ともだちいっぱい ・どきどきがっこうたんけん		学校にはみんなで遊んだり学習したりするための施設や決まりがあることに気付き、ルールを守って生活できる。
5月	はるのあそび		公園を気持ちよく使うためには、守らなければならないルールがあることに気付いている。
6月	わたしのあさがお なつのあそび		花の種を元気よく育てるためには、土作りや世話が大切であるということに気付き、世話をしている。
7月	いきものだいすき		動物と触れ合う活動や、生き物探しを通して、生き物が一生懸命に生きていることに気付いている。 春に比べて、自然の様子が変わってきたことや土や水が遊びに利用できることに気付いている。
9月	あきのあそび		あさがおの生長を支えるためには、生長に応じた適切な世話が必要であることに気付いて、世話をしている。
10月			春や夏に比べて、自然の様子が大きく変わってきたことや秋の落ち葉や木の実が遊びに行かせることなどに気付いて、遊んでいる。
11月	ふゆのあそび むかしあそび		落ち葉や木の実には様々な形や色があることに気付き、おもちゃ作りに利用している。
12月	しあわせいっぱい ・いえのしごと ・わたしのかぞく		家にはたくさんの仕事があることに気付き、自分の家での生活に関心をもっている。
1月			冬になって自然の変化の様子に気付くとともに、人々の生活の様子も変化したことに気付いている。
2月			家族の役割やよさについて気付き、自分のできることに取り組んでいる。 昔の遊びの仕組みや技、遊び方を工夫したりすることの楽しさに気付いて、遊んでいる。
3月	もうすぐ2ねんせい		入学当時と比べ、自分ができるようになったことや役割を果たせるようになったことに気付いている。

思考力、判断力、表現力等	学びに向かう力、人間性等
●身近な人々、社会及び自然を自分との関わりで捉え、自分自身や自分の生活について考え、自分らしく表現する力を育成する。	●対象に自ら働きかけ、関わりを深めたり広めたりし、意欲や自信をもって生活を豊かにしようとする態度を育てる。
友達と楽しく遊びを工夫したり、学校探検で発見したことや感じたことを絵や文で表現したりすることができる。	学校の友達や先生と親しく関わったり、学校探検を通して、学校の教室や施設を調べたりする活動を通して、安全に気を付けて、楽しく学校生活を送ろうとしている。
公園の自然に親しんだり、集団で遊ぶ方法やルールについて、友達と話し合い、楽しく遊ぶことができる。	安全に気を付けて、自然や友達、6年生と関わりながら、なかよく遊ぼうとしている。
花の育て方を調べたり、土作りをしたりして、花の種がよりよく育つように工夫をすることができる。	きれいな花を咲かせたいという願いをもち、種まきの準備をしたり、世話をしている。
動物や生き物が喜ぶようなことを考えて触れ合ったり、生き物がいそうな場所を探している。 夏の気候や土や水などの特徴を考えながら遊びに利用することができる。	生き物や動物を親しみをもち、意欲的に生き物に触れたり、世話をしたりしようとしている。 夏の気候や土や水などを遊びに取り込もうとしている。
あさがおの生長を観察しながら、その植物の生長に応じた世話をくふうすることができる。	あさがおの生長に関心をもち、きれいな花がさくように、願いを込めながら世話をしている。
秋の気候や落ち葉や木の実のもつ特徴を考えて、遊びに利用することができる。	秋の自然を積極的に利用して遊ぼうとしている。
落ち葉や木の実の特徴を活かしながら、おもちゃを作ることができる。	落ち葉や木の実の形や色に関心をもち、おもちゃやゲームを作ろうといている。
家の仕事について振り返り、自分の紹介したいことを絵やカードで表現し、友達に知らせている。	家にはたくさんの仕事があることや、家庭生活は家族によって支えられていることに気付き、家の仕事に取り組もうとしている。
冬の自然の変化をさがしたり、雪や氷、風などを積極的に遊びに取り込んだりすることができる。	季節の変化に関心をもち、冬の気候や自然を遊びに取り込もうとしている。
家族が喜んでくれることを考えたり、家族に感謝の気持ちを伝えたりすることができる。 昔の遊びの遊び方を工夫している。	家庭の中の自分の役割、自分の成長や家族の支えに気付き、自分の役割を果たそうとしている。 昔の遊びに関心をもち、技を工夫したり、練習したりして遊んでいる。
入学してからできるようになったことや役割を考えて、揚言したり、これまでお世話になった人々に感謝の気持ちを伝えたりすることができる。	家庭の中の自分の役割、自分の成長や家族の支えに気付き、自分の役割を果たそうとしている。 入学当時と比べて、自分が成長してきたことや、そこには多くの人々の支えがあったことに気付き、もうすぐ入学してくる1年生のために準備をしようとしている。

生活科　　　　　　　　　　　　　　　　　　　　　　　　　[1年1学期] 15時間

単元名 鎌小どきどき探検

本単元で育てる資質・能力

　本単元において育成を目指す資質・能力は、知識及び技能の基礎として「学校の施設、学校生活を支えている人々や友達、および通学路の様子などが分かり、それらと自分との関わりに気付いている」、思考力、判断力、表現力等の基礎として「学校の施設の利用、学校生活を支えている人々や友達との関わり、安全な登下校などについて、自分なりに考えたり、工夫したり、振り返ったりして、それを素直に表現している」、学びに向かう力、人間性等として「学校の施設の様子、学校生活を支えている人々や友達、通学路の様子やその安全を守っている人々に関心をもち、楽しく学校生活を送るとともに、安全な登下校をしようとしている」である。
　学校における自分との関わりで気付いたことについて、自分なりに考えたり、工夫したり、振り返ったりして表現しながら、学校における自分との関わりのある人・もの・ことに関心をもち、楽しく安全な学校生活を送れるようにする資質・能力を育む。

子供の実態と主体的・対話的で深い学びに向かう姿

　小学校に入学したばかりの子供たちは、新しい環境での生活に期待をもって生活している。また、関わりのある上級生や先生にも興味をもって生活を行っている。そのような子供たちは、様々な人やもの、ことに関心が高く、新しいことを知りたいといった気持ちが非常に強く、積極的に何ごとにも取り組んでいる。しかし、今までの生活との違いに不安を感じ、小学校での新しい環境で安心して生活できていない子供もいる。
　学校探検では、新しい環境での生活を行っていく子供たちが主体的に人と関わり、対話的に解決していくことにより、学校という環境について自分なりの理解をして安心できる生活を創り出していく。様々な発見を繰り返していくことにより、学校という場所や学校の職員などについて自分なりに理解することが深い学びになると考えられる。また、疑問を解決していく方法について、子供たち自身が理解していくことも深い学びであると捉えることができると考えられる。

本単元と社会とのつながり―授業をデザインするコンセプト

　本単元のコンセプトは「どきどき探検探究」と設定した。学校探検では、子供たちにとって身近で、生活の多くの時間を過ごす学校を対象として学習を進めていく。子供たちは学校に対して、多くの「はてな」（疑問）をもっている。学習では、一つ一つの「はてな」を子供たち一人一人が調べて解決しながら学習を進めていく。一つの「はてな」を解決していくことによって新たな「はてな」が生まれることもあり、探究的に学習を進めていくことを大切に学習を行うようにする。
　実社会においても未知の課題に対して解決していこうとする状況に直面することが考えられる。そのような状況においても、課題の解決に向けて楽しみながら、人・もの・ことと関わりながら解決していくことが求められる。そのような「探究」の過程を学習していくことは、子供たちが将来社会においても必要となる力であり、そのような力の育成を目指したコンセプトで授業をデザインすることが必要になる。

探険しながら探究し、「はてな」を解決する

全15時間

子供の学びのストーリー

第1小単元「学校を探検してみよう」4時間
- 学校にはどんな場所があるんだろう。
- 学校でこんなことをしてみたいな。
- こんなところにこんなものがあったよ。
- これは何だろう。調べてみたいな。
- そんなものがあるんだ。自分も見に行ってみたいな。
- 探検のときには約束を守って探検しないとね。

第2小単元「もっと学校を探検してみよう」4時間
- ここは先生と一緒じゃないと入れないね。
- 次の探検では、これについて調べてみよう。
- あの先生は、何をやっているんだろう。
- あの先生は何て名前なんだろう。聞いてみよう。
- あの先生と初めてお話ができたよ。
- 学校にはいろんな約束があるけど、ちゃんと守って探検ができているよ。
- もっとたくさんの先生と仲よくなって、いろいろとお話したいな。

> **本時（⑧）**
> 「探検して見つけた発見を紹介しよう」
> 施設の利用や人々の関わりについて振り返り、施設の位置や特徴、役割が分かるとともに、学校を支えている人々の存在に気付いている。

第3小単元「学校にいる人にインタビューしてみよう」4時間
- あの先生はこんなことをしているって教えてもらった。
- もっといろいろな先生に何をしているのかを聞いてみたいな。
- 私たちのためにこんなことをしてくれているんだね。大変じゃないのかな。
- 新しいはてなができたから、もう一度聞きに行ってみたいな。

第4小単元「支えてくれている人に手紙を書こう」3時間
- たくさんの先生にインタビューをして、いろんなことが分かったよ。
- この先生のおかげで、安心して学校で過ごすことができるんだね。
- これからも仲よくしてもらいたいな。
- 探検でいろいろと教えてもらったお礼を手紙に書いて渡してみよう。

教師のストーリーデザイン

I 自分と身近な人々、社会及び自然と関わる体験や活動を通して気付きが生まれる。
- 身近な環境である学校に関わりながら調べることを通して、学校の施設についての気付きをもてるようにする。
- 学校の施設についての気付きから、さらに調べてみたいことを見付け、さらに知りたいことについて調べていく。

II—① 自分が体験したことや調べたことを他者と比べ、似ているところや違うところを見付け、気付きの質を高める。
- 自分が調べたことを友達と伝え合うことによって、友達が調べたことと比べながら自分が調べたことを振り返っている。

II—② 自分にとって価値があると感じられることを様々な方法を用いて伝え合うことで、相手意識や目的意識をもって伝えることの楽しさを実感する。
- 自分が知りたいことを人に尋ねながら調べることを通して、人と関わることの楽しさを実感する。
- 繰り返し関わりながら、その人のことを詳しく知ることによって心を通わせて関わることの楽しさを実感する。

III 体験活動と表現活動の繰り返しを通して自分の成長を感じ、思いや願いを実現する。
- 知らなかったことが分かったり、自分の力で調べたりすることを繰り返しながら、学校について詳しく知るなど自分の思いや願いを実現することができた自分の成長を感じる。
- 人に尋ねるなど、人と上手に関わることができるようになった自分の成長を感じる。
- 探検を繰り返しながら学校の施設のことや支えている人のことが分かり、楽しく安心して生活できるようになった自分の成長に気付く。

期待する子供の姿

探検を通して学校の施設や支えている人について詳しく知り、楽しく安心して生活することができ、学校のきまりやマナーに気付き、みんなで気持ちよく生活しようとする姿。

授業展開

小単元1 「学校を探検してみよう」

学校でやってみたいことを考えよう　①

　単元の導入では、子供の思いや願いを生かせるように「学校でやってみたいことはあるかな」という言葉を投げかけた。子供からは入学式以降交流のある2年生や6年生のことが話題になったり、教室の近くにある鶏小屋のことなどが話題になったりと、子供にとって身近なことに興味・関心があった。「学校でやってみたいこと」を話し合う中で子供から「でも、2年生や6年生の教室ってどこにあるんだろう」などと疑問が出てきた。この「はてな」を解決していくには、どのようにすればよいかを話し合うと「学校を探検してみたい」という意見が出された。

学校を探検してみよう　②〜④

　学校探検では一人一人が探検して調べてみたいという思いや願いに合わせて活動が行えるように、それぞれのめあてに合わせて探検することにした。

小単元2 「もっと学校を探検してみよう」

もっと探検してみよう　⑤〜⑦

　自分のめあてに沿って探検する途中にも様々な発見があった。偶然通りかかった教室の中を「ここは何をするところだろう」と覗いている様子も見られた。教室に戻ってから探検の振り返りを行うと子供には様々な発見があった。

　発見カードの数も増えてきたので、子供に発見カードをどうするかを尋ねると「発見したことの発表会をすると、みんなが発見したことをいろいろと知ることができるからいいんじゃないかな」という意見が出され、発見発表会を行うことにした。

探検して見付けた発見を紹介しよう　⑧

　発見発表会では、今までに作成した発見カードを使いながら発表を行う様子が見られた。伝える際には、国語科と関連させて相手に分かりやすく伝わるように、発見した場所や様子を思い出しながら友達に説明をするようにした。身振り手振りを交えながら話をしている子供の様子も見られた。

　発表会の最後に振り返りを行うと、「自分で調べても分からないことがあるときには、聞いてみると詳しく分かるよ」というアドバイスがあった。そこで、インタビューをして、さらに詳しく調べていく活動を行うことにした。

活動の様子

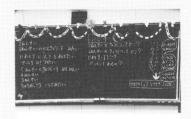

子供の思いや願いを引き出す
単元の導入では、子供たちの思いや願いを引き出しながら板書を行う。

給食室の中を覗く様子
給食室の中で給食をつくる様子を興味深く見つめている様子が探検中に見られた。

理科室では望遠鏡を発見
理科室の中にある望遠鏡を見付け、授業で使うのかなどと話し合う様子が見られた。

鎌小どきどき探検 | 単元名

活動の様子

発見したことを伝え合おう
探検の中で発見したことを友達と伝え合い、交流を通してお互いの発見を共有する。

インタビューの会をしよう
インタビューの会では、校長先生にもインタビューができ、詳しく話を聞く様子が見られた。

手紙を渡そう
インタビューの会のお礼の手紙を誰に渡したいかを考えながら、手紙の内容について子供の思いや願いをふくらませる。

小単元3 「学校にいる人にインタビューしてみよう」

インタビューしてみよう　⑨⑩

子供は、自分が調べても分からなかったことをインタビューして調べていくことにした。調べたいことに合わせて、様々な人にインタビューを行った。

インタビューしたことを紹介しよう　⑪

インタビューしたことを紹介する会の振り返りでは、「インタビューをすると分からなかったことが詳しく分かってよかった」「インタビューができて、その人のことを詳しく知ることができた」という意見が出されたが、「授業中でインタビューできなかった」という意見も出された。インタビューをする人に来てもらい、インタビューをしたいという意見が出され、「インタビューの会」を行うことにした。

もっと詳しくインタビューしよう　⑫

インタビューの会では、様々な職員の方に集まってもらうことができ、子供は一人一人にじっくりとインタビューをすることができた。どんな仕事を行っているのか、なぜ今の仕事をしようとしているのかなど、様々なことについて詳しく話を聞いている子供の姿も見られた。

小単元4 「支えてくれている人に手紙を書こう」

インタビューした人のことを紹介しよう　⑬

「インタビューの会」の振り返りでは、子供はたくさんの職員によって自分たちの生活は支えられていることに気付くことができた。子供にとってたくさんの人の支えがある学校生活は、安心して過ごすことができる場所という実感をもつことができていた。

学校にいる人と仲よくなろう　⑭

前回の授業の翌日に、手紙を書いて届けている子供がいた。インタビューのお礼を手紙にして渡したということだった。クラスの子供にこのことを紹介すると手紙を渡したいということになり、手紙を渡す活動を行うことにした。手紙にどのようなことを書くのか尋ねると、支えてもらっている感謝の気持ちを書いて伝えるということになった。

仲よくなりに行こう　⑮

手紙を渡すときには、インタビューのときには緊張していた児童も、自然と声をかけて手紙を渡している姿が見られた。学習を通して関わりを深められていることが感じられた。

実践編　第2章　067

 # 音楽科

> 友達と関わり合いながら活動を楽しんだり音楽に感動したりしながら、知性だけでは捉えられない音の美しさなどを感じ取ったり、直接的な体験を通して諸能力を経験的に身に付けたりする教科であると考えた。特に表現領域では、心や力を合わせることへの必要感が音楽によって自然と生まれ、子供たちは喜びを味わいながら技能を身に付けていく。また、個別性の重視による多様性の包容、多様な価値を認める柔軟な発想や他者との協働、自己表現とともに自己を形成していくこと、自分の感情のメタ認知なども習得できたり、豊かなものになったりしていくものと考える。

教科テーマ

音楽部では、音楽科の教科テーマを「音楽と豊かに関わる子」と設定している。

音楽科の学習では、音楽の美しさを感じ、さらに美しさを求めようとする柔らかな感性を育てることが、音楽科における自立につながっていくと捉えている。感性を働かせて他者と協働しながら音楽表現を生み出したり、音楽を聴いてそのよさや価値を考えたりしていくには、きちんと音楽に向き合える環境を整えることが大事である。その際、音楽との出会わせ方や教材提示の仕方を工夫するなどの配慮をすることで子供が音楽表現や鑑賞することに対して消極的にならないようにしたい。

一方、学習過程のある場面では、音楽に対する感性が働いていない状態で知識や技能を得ることができる部分もある。このような知識や技能であっても、音楽表現を創意工夫したり音楽のよさや美しさを味わって聴いたりすることについて生きて働くものとするために、音楽活動を通して、音楽に対する感性を働かせて、実感を伴って理解したり身に付けたりできるようにすることが必要であると考える。

どのように学ぶか ― 教科テーマに迫る「深い学び」のプロセス

教科テーマ「音楽と豊かに関わる子」に迫るためには、主体的な学び、対話的な学び、深い学びをデザインすることが大切である。

音楽科における深い学びの実現のためには、「音楽的な見方・考え方」を働かせて、一人一人が音楽と主体的に関わることができるようにしながら、音楽の特徴を共有する・共感する、技能に必要感をもつ、といった活動を積み重ねていくことが重要であると考える。

聴き取ったことや感じ取ったことを言葉や体の動きなどで表したり比較したり関連付けたりしながら、音楽との一体感を味わったり、要素の働きや音楽の特徴について他者と共有・共感したりする活動が、楽曲や演奏のよさは何かなどについての思考・判断を促すことにつながる。

気持ちの変化を振り返る学習、客観的な理由を基に交流する学習なども、自分なりに考えをもち、音楽表現や鑑賞の学習を深めていくものであり、次の学びにつながっていくようにデザインしていく。

知識及び技能	曲想と音楽の構造との関わりについての理解。自分で音楽表現をしたり友達と音楽表現をしたりする技能。自分の思いや意図を音楽で表現するための技能。
思考力、判断力、表現力等	知識や技能を得たり活用したりして、どのように表すかについて思いや意図を見いだす力。知識を得たり活用したりして、自分にとっての音楽のよさなどを見いだす力。
学びに向かう力、人間性等	協働して音楽活動する喜びの実感。音楽経験を生活に生かし、生活を明るく潤いのあるものにする態度。

■ 音楽的な「見方・考え方」

音楽科の「見方・考え方」について、学習指導要領では、「音楽に対する感性を働かせ、音や音楽を、音楽を形づくっている要素とその働きの視点で捉え、自己のイメージや感情、生活や文化などと関連付けること」と示されている。

すなわち、知性と感性の両方を働かせて対象や事象を捉えることである。知性だけでは捉えられないことを、身体を通して、知性と感性を融合させながら捉えていくことが、音楽科が担っていく学びである。特に重要な「感性」の働きは、感じるという受動的な面だけではない。感じ取った自己を形成していくこと、新しい価値を創造していくことなども含めて「感性」の働きである。「感性」は知性と一体化して創造性の根幹をなすものである。「感性」を働かせられるようなデザインが必要であると考える。

■ 教育内容「何を学ぶか」

音楽科では、A表現（歌唱、器楽、音楽づくり）、B鑑賞の2つの内容を学習していく。

「A表現」及び「B鑑賞」の指導を通して、以下を身に付けることができるよう指導する（〔共通事項〕）。

ア 音楽を形づくっている要素を聴き取り、それらの働きが生み出すよさや面白さ、美しさを感じ取りながら、聴き取ったことと感じ取ったこととの関わりについて考えること。

イ 音楽を形づくっている要素及びそれらに関わる身近な音符、休符、記号や用語について、音楽における働きと関わらせて理解すること。

このように、表現及び鑑賞の活動を通して、生活や社会の中の音や音楽に豊かに関わる資質・能力を育成していく。

■ 学習評価の方法「何が身に付いたか」

各題材で育てたいのは、音楽の美しさを感じ、さらに美しさを求めようとする柔らかな感性である。子供の様子の見取りは以下の方法で行う。

①演奏の聴取

②表情や体の動きの観察

③発言・記述の内容

「知識及び技能」については、事実的な知識のみにならないよう、また、一定の手順や段階を追って身に付く個別の技能のみにならないよう、感性の育成の面からの評価をしていきたい。「思考力、判断力、表現力等」については、表現領域と鑑賞領域における観点が一つの観点となることから、表現領域と鑑賞領域の関連を図る指導に取り組んでいく。また、「学びに向かう力、人間性等」についても、どの領域でも目指す方向が同一であることに留意する。

第3学年

｜単｜元｜配｜列｜表｜

知識及び技能
●曲想と音楽の構造との関わりについての理解。 ●自分で音楽表現をしたり友達と音楽表現をしたりする技能。 ●自分の思いや意図を音楽で表現するための技能。

自立に向かう子を育てるための音楽科の資質・能力

月	単元	知識及び技能
4月	「すてきな声で」 「楽譜とドレミ」 「春の小川」	無理のない発声方法で歌う技能。 跳躍進行が少ない楽曲を使用しながら、ストレスなくリコーダーや鍵盤ハーモニカで演奏する技能。
5月	「すてきな声で」「楽譜とドレミ」 「茶つみ」「運動会の歌」	無理のない発声方法で歌う技能。 跳躍進行が少ない楽曲を使用しながら、ストレスなくリコーダーや鍵盤ハーモニカで演奏する技能。
6月	「くり返して重ねて」 「目指せ楽器名人」	演奏している楽曲のメロディーに3度上や下の音をつけたり、自分で考えた音を重ねて演奏する知識や技能。 リズムをくり返したり伴奏する知識や技能。
7月	「せんりつと音色」 「めざせ楽器名人」	旋律の流れや楽器の音色を捉えて曲に合った歌い方や演奏をする知識や技能。
9月	「音のスケッチ」「うさぎ」 「ハ長調の音階の音を使って音楽をつくろう」	音を重ねたり速さや強さを変化させる技能。 ハ長調の音階の知識。 楽器を用いて即興演奏する知識及び技能。
10月	「ハ長調の音階の音を使って音楽をつくろう」 「音楽会に向けて」	
11月	「すてきな声で」 「演奏の工夫」	校内音楽会の曲をリズムよく、軽快に演奏する技能。 校内音楽会の曲を思いを込めてきれいな歌声で表現しようとする姿。
12月	「すてきな声で」 「演奏の工夫」	
1月	「世界の歌めぐり」 「音楽のききどころ」 「ふじ山」	様々な国や地域の音楽文化の知識。 音楽の仕組みを捉えながら鑑賞するための知識・技能。
2月	「物語の音楽を楽しもう」 「音楽のききどころ」	楽曲の構成を捉えるための知識。 音楽の仕組みを捉えるための知識。
3月	「気持ちを合わせて」	みんなで力を合わせて歌うための知識及び技能。

思考力、判断力、表現力等	学びに向かう力、人間性等
●知識や技能を得たり活用したりして、どのように表すかについて思いや意図を見いだす力。 ●知識を得たり活用したりして、自分にとっての音楽のよさなどを見いだす力。	●協働して音楽活動する喜びの実感。 ●音楽経験を生活に生かし、生活を明るく潤いのあるものにする態度。
音色や歌声、旋律を感じながら表情豊かに歌ったり演奏しようとする力。	音楽とふれ合い、親しもうとする態度。
音色や歌声、旋律を感じながら表情豊かに歌ったり演奏しようとする力。	
自分の音や友達の音を聴きながら演奏する力。 リズミカルに演奏する力。	音楽の仕組みを感じ、演奏に役立てようとする態度。
旋律の流れや楽器の音色を感じながら曲に合った歌い方や演奏をする力。	
自分の思いや意図に合わせて音を選ぶ力。 音の速さや強さ、重なりを工夫する力。 自分の演奏を振り返ってよいところを伸ばしたり、友達のよいところを取り入れたりする力。	自分や仲間の演奏と向き合いながら、心に映る印象を大切にすることで、感性豊かに音楽表現をしようとする態度。
友達と合奏や合唱をしながら、聴覚的知覚と筋肉運動的知覚をバランスよく働かせながら演奏する力。	仲間と一緒に歌ったり合奏したりする中で、自分や他者の良さに気付き、力を合わせてより良い演奏を目指そうとする態度。
国や地域により、音楽の様々な表現方法があることをを知り、それらを鑑賞や自分の表現に取り入れる力。	異なる音楽文化の良さに気付き、演奏や鑑賞に生かそうとする態度。
音楽の仕組みを、鑑賞や自分の表現に取り入れる力。	音楽の仕組みを知ることで、音楽以外のの表現方法とのつながりを探求しようとする態度。
仲間と協力して歌うことの良さを感じる力。	大勢の仲間とと一緒に歌うことにより、自分も社会の中のかげがえのない一人だということを感じる態度。

音楽科　　　　　　　　　　　　　　　　　　　　　　　　　　　[3年2学期] 5時間

題材名 「ハ長調の音階の音」を使って音楽をつくろう

本題材で育てる資質・能力

　本題材で育てる資質・能力は次のとおりである。知識及び技能の観点では、「鉄琴とピアノの響きへの気付き」「ハ長調の音階の音で即興的に楽器を演奏する技能」を育てる。

　思考力、判断力、表現力等の観点では、「音を選びながら発想する力」「実際に音を試したり、友達の表現のよさを認めたりして、思いや意図を膨らませる力」を育てる。

　学びに向かう力、人間性等の観点では、「演奏を通して音楽で表現することのよさに気付き、音楽的感性を生活に生かしていこうとする態度」を育てる。

　特に、技能の観点においては、子供の思いや意図を音楽で表現するための技能という点を留意し、即興的な表現活動を通して音楽づくりの発想を得ながら、そのために必要な技能を子供に選択させながら育てるという視点を大切にしたいと考えている。学びに向かう力、人間性等の観点では、自分の演奏に向き合い、他者と共に音楽表現や音楽の意味や価値を創造しようとする活動を通し、音楽文化を継承、発展、創造する態度の育成を目指したいと考える。

子供の実態と主体的・対話的で深い学びに向かう姿

　本学級は音楽が好きな子供が多く、人気のあるポップス等、幅広いジャンルの曲を鍵盤ハーモニカで演奏することが大好きである。他にも子供が演奏を好む曲があるが、これまで扱ってきた曲の特徴として跳躍進行が少なく、「ハ長調の音階の音」の使用が多いという点があり、この要素は子供の積極的な演奏を後押ししたと考えている。一方で、自分の思いや意図を音楽で表現することには慣れていないので、その楽しさを味わえるように活動してきた。

　このような実態を踏まえ、本題材では、音の響きを美しいと感じ、積極的に音楽づくりが行えるように、十分に感性が働かせられるように授業を展開した。また、音楽そのものと向き合い、自分の心に映る印象から内なる言語を紡ぎだしたり、自分や友達の演奏を聴き合って話し合い、友達と息を合わせて演奏したりすることで、音楽表現の学習を深めていく。音楽表現を通して、思いや意図を音で表現することと、十分に美しさを感じ取った音楽の仕組みの働きが密接に関わっているということに関心をもつ姿を深い学びに向かう姿として捉える。

本題材と社会とのつながり—授業をデザインするコンセプト

　本題材のコンセプトは、「誰でも簡単！　できる楽しさを創造性へ」と設定した。音楽活動は、自分ができると思わなければ楽しいものにはならない。主体的な音楽活動を進め、デジタル化が進む社会において様々な事象の間に感性を働かせることは、我々の生活を潤いあるものにするために必要なことであり、音楽作品・自己や他者に対して感性を働かせながら楽しく音楽活動を行うことは、豊かな情操を培うことにつながる。また、子供が音楽で個々の思いや意図を表現しようとすることで音楽的表現のよさに気付き、そのことを他者と認め合うことは、他者への共感的感情を養うことができると考える。

　現代社会が抱える様々な矛盾や、21世紀の今日になっても存在する国家的な暴力や貧困、種々の抑圧に対し、個々の豊かな音楽経験はそれらを乗り越えていくための力となるはずである。本題材では、音楽づくりを通して子供がこれまで気付いていなかったよさや価値などに気付き、様々な事象を感性を働かせながら捉える力を養うことができると考える。

| 授｜業｜設｜計｜ | 全5時間 |

誰でも楽しく音楽をつくってほしい！

子供の学びのストーリー

○白鍵でアレンジして演奏しよう①
・本当にできるのかな？
・音がきれいに重なっている感じがする。
・思っていたより簡単そうだ。
・簡単だ！
・ちゃんと曲になっている感じがするね。
○思いや意図を音で表現してみよう②
・やさしい感じにしてみよう。
・怖い感じにしてみよう。
・よく分からないけど音にしてみよう。
・友達の演奏おもしろいな。
○曲をつくろう③
・なんか曲らしくなってる？
・こんなメロディーどう？
・いくつかに区切ってみようかな。
・友達の演奏に自分のメロディーをつなげてみようかな。
○曲の作り方を工夫しよう④
・メロディーがきれいになったかな？
・終止音にもどらないと曲の感じが変わってしまうのかな。
・友達と同時に音をだしても、きれいに響くようになってきたかな？

本時（※5時間目）
○即興演奏しよう。
・いきなり演奏はどきどきするなあ。
・今日はたくさん演奏ができているね。
・どきどきしたけどうまくいったよ。
・偶然重なった音がきれいだったね。
・自分のお気に入りの曲みたいなものをつくるにはどうしたらいいのかな？

教師のストーリーデザイン

・楽曲を演奏することは好きである。
・鍵盤楽器が得意な子供が多い。
・全体として音楽づくりに興味はあるが、積極的に表現することに関しては、遠慮している子供が多い。

I	主体的な学びのプロセス―① 自由に白鍵で音を出す。
II	対話的な学びのプロセス―① 伴奏をよく聴きながら白鍵で音を出す。
III	主体的な学びのプロセス―① 友達の表現のよさに気付き、自分の表現に生かす。
IV	対話的な学びのプロセス―① 友達と話し合いながら工夫する。
V	深い学びのプロセス―② 思いや意図を音で表現する。
VI	主体的な学びのプロセス―① 音の選び方を工夫して、よりよい演奏にする。
VII	対話的な学びのプロセス―① 友達の演奏と自分の演奏を合わせる。
VIII	深い学びのプロセス―② 思いや意図をメロディーで表現する。
IX	主体的な学びのプロセス―① 即興演奏に親しみ、工夫して演奏する。
X	深い学びのプロセス―①② 演奏を通して感じたことから、音楽のしくみについて関心をもつ。

期待する子供の姿

音楽づくりは楽しいね。もっといろいろつくるためには、音楽を学んだほうがいいんだね。音楽のしくみを知ったら、まとまりのある素敵な曲をつくれそうだな。

実践編　第2章　073

授業展開

白鍵でアレンジして演奏しよう ①

　ハ長調の音階は、学習指導要領では３、４年生からの内容として扱われている。この音階は、現在のピアノでいえば黒鍵のない音階であり、調号の知識を必要としないため、子供が負担感を感じることなく使用しやすい。本時ではまず、既習したハ長調の楽曲のメロディーを元にして、それぞれの子供に自由にアレンジさせた。アレンジは必ずしも楽曲の機能和声に合った形にはならないため、選んだ楽曲の伴奏では雰囲気が合わなくなるが、そこを教師がダイアトニックコードの伴奏で合わせ、子供がアレンジしたメロディーが伴奏と調和して流れるように援助することで、子供が生き生きと主体性をもってアレンジに取り組めるように配慮した。アレンジを積極的な姿勢で行う中から、自分だけのメロディーをつくりはじめる子供もおり、メロディーを主体にして音楽をつくることへの自信を付けていることがうかがえた。

思いや意図を音で表現してみよう ②

　前時のダイアトニックコード用いた活動を振り返った上で、「やさしい」「怖い」といった印象や、具体的な活動など、子供の心の中のイメージを、「ハ長調の音階」の音、すなわち「白鍵」で表現できるようにすることを試みた。本時ではメロディーを無理につくらせることはせず、子供のイメージと選んだ音が合致するかどうかを中心にして活動をはじめた。その後、友達の演奏を聴き合い、音の重なりで、「やさしい」「怖い」といった印象を表現できるということや、同じ言葉のイメージでも、人によって選ぶ音の重なりが違うのだということを、クラス全体で共有した。

曲をつくろう ③

　「曲をつくろう」という教師の投げかけの後、色々な音を連続して演奏していく活動を行い、メロディーづくりへとつなげていった。音をいくつも選んでいく中で、音のつながり方に目を向けたり、メロディーの区切り方を考えたりする姿があった。子供のオリジナル作品であるということで、題名を考えたり、伴奏を考えたりする子供も見られた。伴奏に関しては、音の重なりが大切になるので、子供それぞれの「思いや意図」が、音の重なりからくる響きと合っているかどうかを考えながら、何度も音を選び直したり、友達に題名を伝えてから演奏し感想を聴いたり、メロディーを聴き合っている姿が見られた。

活動の様子

「感性」の働いている場面
「ちゃんと曲になってる気がするね」

「音がきれいに重なっている感じがする」

「なんか曲らしくなってる？」

「友達の演奏に自分の演奏をつなげてみようかな」

活動の様子

「メロディーがきれいになったかな？」

「どきどきしたけどうまくいったよ」

「偶然重なった音がきれいだったね」

題材名：「ハ長調の音階の音」を使って音楽をつくろう

曲の作り方を工夫しよう ④

つくったメロディーが、より「曲らしく」なるにはどうしたらよいかということを考えながら活動を行った。「曲らしさ」については、子供のこれまでの音楽経験を踏まえ、西洋音楽の機能和声に基づいた曲が「曲らしい」曲であるという意識を多くの子供がもっていると考える。一方で、世界には西洋音楽以外の音楽も多く存在し、機能和声を主体とした音楽とはまったく印象が異なるものもあるので、教師は子供がつくりだすメロディーを無理に機能和声に合うようにしないよう留意した。また、ハ長調という調性は明るい感じであるが、その他の雰囲気を表現する手立てとして、子供に教会旋法を紹介した。教会旋法は終止音を変えることによって、「ハ長調の音階」の音を使いながらも、短調の雰囲気を出すことができる。例えば、「暗い感じのメロディーにしたい」という子供に対しては、「ラで始まってラで終わってごらん」というような声かけをした。また、その特徴を強く出したいという子供に対しては、メロディーを順次進行させるように援助した。

即興演奏しよう ⑤

活動のまとめとして、即興演奏による音楽づくりを行った。即興演奏ならば、音遊びの延長として活動を進めることができるとともに、偶然の響きは子供にとって新たな発見となり、主体的な活動の後押しにもなる。また、「即興的に表現することを通して、音楽づくりの発想を得る」という、新学習指導要領の趣旨にも合致する。本時では、ピアノの伴奏者を1～2名、グロッケンの演奏者を2～3名選び、子供全員が順番に即興演奏で発表した。ピアノの伴奏については、ダイアトニックコードの伴奏を基本としたが、子供の自由な演奏も可とした。それぞれの伴奏者の演奏は、個性がよく表れており、4和音のダイアトニックコードだけではなく、3和音のものを用いたり、調をきちんと選んだりメロディーを付ける子供もいた。グロッケンの奏者は、「ハ長調の音階」の音を自由に即興演奏したが、ダイアトニックコードのピアノ伴奏によって、不協和音的な響きが抑えられ、それぞれの子供が楽しく演奏する姿が見られた。機能和声の伴奏に合っている演奏をした子供は、伴奏の音との重なりがあまり心地よくなかったようであるが、この先、音楽の仕組みを学ぶことによって、そういったことも解決していくことを確認した。

実践編　第2章　075

図画工作科

自立に向かう子

創造的 **行動** ／ 主体的 **思考** ／ 共感的 **感情**

　授業を通して、様々な材と出あったり、友人の作品から影響を受けたり、子供の中で様々な変化が起こる。その際、子供には失敗を失敗と思わず、見方や表し方の新たな発見として、ものづくりを楽しんでもらいたい。そして、図画工作科の学習がこれからの子供の自己肯定感につながっていくことを願っている。このことから「進んで楽しむ意識をもつ」「『つくり、つくりかえ、つくる』ことから、つくりだす喜びを味わう」「用具を生かして基本的な表し方をする」「自分の見方や感じ方を更新する」これらを図画工作科の教科の捉えとして考えた。

教科テーマ

　図画工作科では、教科テーマを「造形活動を通して自己と他者のよさを認め合える子」と設定している。図画工作科は、「日常生活におけるもののよさや対象の美しさについての多様な価値観について学ぶ」ことを大切にし、「自分がつくりたいものに合わせて、様々な表し方を体験して製作する楽しさを学ぶ」教科だと捉えている。低学年は自分がつくりたいものを思いきりつくる。そのなかでお互いに自分の作品のよさを相手に「見てほしい」という気持ちが自然と生まれ、鑑賞につながると考える。高学年

は友達の作品のよさを自分の作品に取り入れることで新しい発想が生まれることがある。

　表し方は人それぞれ違う。しかし、子供一人一人における造形活動や作品にはそれぞれのよさがある。自己の作品に親しみをもち、同時に他者の作品にも興味をもつことができれば、互いの個性を認め合うことにもつながると考える。

　一人で考えるだけではなく、仲間と話し合って、アイディアを出し合うことの楽しさや協力してよりよいものをつくり出す達成感を学習から感じてほしい。

どのように学ぶか

教科テーマに迫る「深い学び」のプロセス

　教科テーマ「造形活動を通して自己と他者のよさを認め合える子」に迫るためには、主体的な学び、対話的な学び、深い学びをデザインすることが大切であると考える。

　本校の図画工作科における「深い学び」とは「今までの経験を生かし、他者の感じ方、考え方を取り入れながら、新しいものをつくりだしていく姿」であると考える。そのためには、日常にある身近なもののよさや美しさを感じ、自分の思いを活動の中で発揮していく「主体的な学び」と、他者や素材、作品と向かい合い、そ

の真意を感じ取る「対話的な学び」の2つが必要不可欠である。これら3つの学びが互いに作用し合うように授業を考えている。

　また、題材の設定、材との出あい、場の設定、共感的支援など、子供の個性やよさを引き出していけるような授業づくりを意識している。

　共通事項でもふれられているように、感覚や行為を通して色や形を感じる題材を取り入れることで子供が普段生活する中で発揮している資質・能力や物を通して対話する力を育んでいくことで「自立に向かう子」に迫っていく。

知識及び技能	様々な材料と親しみながら工夫して活動する。材料や用具を扱いながら表したいことを工夫して表す。
思考力、判断力、表現力等	材料や場との対話を大切にして活動する。用具の扱い方を生かしながら自分の表したいことを表す。作品などを鑑賞する活動を通して、感じ取ったり考えたりし、自分の感じ方・見方をする。
学びに向かう力、人間性等	新たな発見を通して、日常の生活を楽しく豊かにする。日常の生活を楽しく豊かにするためのものをつくる。作品などを鑑賞する活動を通して、自分と関わるものに親しむ。

■ 造形的な「見方・考え方」

　造形的な見方・考え方について新学習指導要領では、「感性や想像力を働かせ、対象や事象を、形や色などの造形的な視点で捉え、自分のイメージをもちながら意味や価値をつくりだすこと」と示されている。

　すなわち、子供が様々な対象や事象に心に感じ取る働きや思いを膨らませたり、創造の世界を楽しんだりすることを十分に働かせ、材料や作品、出来事などを、形や色などの視点で捉え、子供が心の中に像をつくりだしたり、全体的な感じ、情景や姿を思い浮かべたりしながら、自分と対象や事象との関わりを深め、自分にとっての意味や価値をつくりだすことであり、自分自身をもつくりだしていることであると考える。

■ 教育内容「何を学ぶか」

　「造形遊びをする」ことから、子供が自ら材料や場所などに働きかけ、そこから発想していく。「絵や立体、工作に表す」ことから、自分の夢や願い、経験や見たこと、伝えたいこと、動くものや飾るものなどの子供が表したいと思うことを基に表していく。「鑑賞する」ことから、自分の見方や感じ方を更新し続け、今日のように視覚的な情報があふれている社会に主体的に対応する力を育成することになる。共通事項においても、視覚や触覚などの感覚、持ち上げたり動かしたりする行為や活動を通して、形や色、線や面、動きや奥行きなどの対象の造形的な特徴を理解することや子供が心の中につくりだすものを感じたり、心に浮かべる情景や姿、形や色などを活用したコミュニケーションの基盤を学んだりすることができると考える。

■ 学習評価の方法「何が身に付いたか」

　子供の育ちは以下の方法で見取っていく。
①題材に対するつくりたいもののイメージ図
②次回どのように進めたいかのメモ
③活動中のつぶやきや友人とのやりとり
④活動中の表情や動き等
　「知識」であれば、創造的な活動を理解しているか。「技能」であれば、表し方を工夫して表したりする技能を身に付けているか。表現や鑑賞を通して育成する「思考力、判断力、表現力等」の発想や構想であれば、表したいことを思い付いたり、考えたりしているか。「鑑賞」であれば、作品などの形や色などから、よさや美しさなどを感じ取ったりしているか。「学びに向かう力、人間性等」の態度に関しては、学期や複数の題材を通す中で評価することが重要であると言える。

実践編　第2章　077

第6学年

｜単｜元｜配｜列｜表｜

4月	1. 墨で描く（絵・鑑）
5月	2. 旗はばたく（絵） 3. くねくね自分人形（工・鑑）
6月	4. あれ？これ、なんだ!?（造・鑑）
7月	5. 版で広がる世界（絵・鑑）
9月	6. 八ヶ岳を終えて（立・鑑）
10月	7. 木 de 素手器（工・鑑）
11月	8. アミアミアニマル（工・鑑）
12月	9. 最後の音楽会（絵・鑑）
1月	10. クランク劇場（工・鑑）
2月	11. 最後の図工展（鑑）
3月	12. ふぞくっ子のみなさんへ（絵）

自立に向かう子を育てるための図画工作科の資質・能力

知識及び技能

●様々な材料と親しみながら工夫して活動する。
●材料や用具を扱いながら表したいことを工夫して表す。

墨を扱いながら表したいことを濃淡やかすれ、にじみ、ぼかしを親しみながら、工夫して活動をする。

自分の全身像の関節等を動かすためにハトメを使うことを理解し、親しみながら工夫して活動する。

自分たちの今までの経験をもとに、空間を楽しく変えるものとは何かを考えて製作する。

スチレン板の加工に親しみながら、工夫して活動をする。

液体粘土に親しみながら、工夫して活動をする。

オイル塗装や拭き塗りに親しみながら、工夫して活動をする。
5学年で学んだ電動糸鋸を活かした形や彫刻刀を用いての模様を工夫して表す。

「編む」という方法を用いた表現に親しみながら、工夫して活動をする。

クランクの仕組みに親しみながら、工夫して活動をする。

思考力、判断力、表現力等	学びに向かう力、人間性等
●材料や場との対話を大切にして活動する。 ●用具の扱い方を生かしながら自分の表したいことを表す。 ●作品などを鑑賞する活動を通して、感じ取ったり考えたりし、自分の感じ方、見方をする。	●新たな発見を通して、日常の生活を楽しく豊かにする。 ●日常の生活を楽しく豊かにするためのものをつくる。 ●作品などを鑑賞する活動を通して、自分と関わるものに親しむ。
筆に限らず、身の回りの用具を取り入れるながら、自分の表したいことを表す。	
自分の姿をどのように簡略化したり、どの部分を動くようにしたりするかを色や形を決めながら、自分の表したいことを表す。	出来上がった自分の姿を互いに見せ合ったり、実際に動かしたりしながら、鑑賞する活動を通してお互いの作品に親しむ。
実際とは異なる大きさで表しながらも、場に馴染む形や色を考えながら、自分の表したいことを表す。	
切り抜いた形や色の組み合わせを活かした場面構成を楽しみながら、自分の表したいことを表す。	
出来上がった作品と自分がどのように写るようにするか組み合わせ方を考えながら、自分の表したいことを表す。	友人はどのように表したのか、方法を見たり聞いたりしながら鑑賞する活動を通して、自分と関わるものに親しむ。
電動糸鋸のテーブルを傾ける角度によって板からの器の深さが決まることに気付き、自分の表したい器の形に表す。	各々の木皿の形や凹凸の盛り込み方を鑑賞する活動を通して作品に親しむ。
縦横の紙の色の組み合わせて編みながら、自分の表したいことを表す。	
クランクの特徴を活かした動きの面白さを形に取り入れながら、自分の表したいことを表す。	
	自分たちの作品などを展示し、鑑賞する活動を通して、自分と友人の作品に親しむ。
今までの用具や方法を生かしながら自分たちの表したいことを表す。	

図画工作科　[6年2学期] 6時間

題材名　木 de 素手器

本題材で育てる資質・能力

　図画工作の活動を通して、「自分自身・人・もの・こと」と、楽しく・進んで・主体的に関わり、創造し、形や色などと結び付けたり自分のイメージを具体化したりしながら造形的な資質・能力を育みたいと考えている。

　この題材は電動糸鋸を使って板を傾斜切りすることで器にできることに面白さがある。「どんな形にしようか」と考えてつくったり、お互いの器を手に取ってよさを見付け、伝え合ったりすることから、主体的に関わり創造する姿が見えると考えた。

　本題材で育成を目指す資質・能力は、知識及び技能の基礎として「拭き塗りに関する理解」「電動糸鋸による形や彫刻刀を用いての模様を施す技能」、思考力、判断力、表現力等の基礎として「傾斜切りすることで、器の深さが決まることに気付き、どのような器にするか考え表す力」、学びに向かう力、人間性等として「各々の形や凹凸の盛り込み方を知り、そのよさを認め合える態度」とした。

子供の実態と主体的・対話的で深い学びに向かう姿

　3学年では鋸を使って枝を切り、その枝を小刀で削って、絵具を付けて描くペンをつくった。また、宿泊学習の思い出を題材に初めての木版画で彫刻刀を使って線彫りをした。

　5学年では、彫り進み版画に用いた版板を材料に立体パズル製作をした。電動糸鋸を用いると曲線に沿って切ったり、切り込み部分を板に施したりすることができることや、糸鋸の刃を通す穴を開ければ、刃を取り付けられ、ドーナツ型にも切り取ることができることを知った。その際、思い思いの形に切り取れることを楽しみ、自分と友達のパーツを混ぜて、組み合わせて構成する姿も見られた。学年が変わっても、新しい用具に対して興味をもち、新しい材料の扱い方に関心をもつ姿が見られた。

　本題材では、今までの経験を活かし、一枚板で世界に一つだけの器を製作する。友人と切り方等を確かめ合いながら形に見いだす面白さを実感してほしいと考えた。

本題材と社会とのつながり―授業をデザインするコンセプト

　全学年の授業をデザインするコンセプトとして「楽しく・進んで・主体的に、関わり創造する」と設定し、本題材では、「主体的に関わり創造する」とした。

　通常、電動糸鋸を使う際、「糸鋸のテーブルを水平に保って板を切るが、そのテーブルを傾けるとどうなるのか」と今回視点を変えることで、新たな扱い方に気付き、表すための選択肢が広がると考えた。彫刻刀も版画のときに絵を描くように線彫りをするのに用いたが、器に模様などを彫るのにも使えることに気付く。このように、既習事項や経験したことを生かす場面を設定し、製作を通してそれらを扱うよさを知ることで、初めてのことにも臆せず経験から対応できる力につながると考える。

主体的に材料・用具・仲間と関わり創造する

全6時間

子供の学びのストーリー

○謎を解き、電動糸鋸で器をつくる方法を使いどんな器にするか考えよう。①
- 謎の形は同じ板だと思うけど、平らになったり飛び出したりするのはなぜ？
- 丸や複雑な形を切るのに、電動糸鋸を使って切り外せたけど、この謎の形は取れたり取れなかったりするの？
- 外側の形と中側の形は違っていてもいいってことだよね？
- 中側を何重にもしたら、もっと深い器にできるかも？

本時	○板を切ろう。 ○彫刻刀で模様を入れよう。 ○板が外れないように接着しよう。（②〜④）

- どのくらいの大きさにしようかな。
- どっちの板を使うか、迷うな。
- 時計回りに板を切ったら、下がるのかな？電動糸鋸のテーブルの傾きも関係するよね。
- 途中で刃が外れたら、続けるときに進行方向が変わったのか、抜け落ちるようになったんだけど、どうしよう。
- 切ってから模様を入れたいな。
- 器の内と外に模様を入れるんだ！
- もう終わりの時間になるから、接着しておこう。次回は、もう少し彫り進めてから、油をつけよう。
- 接着剤をつけて固定しようとしたら、隙間が気になるんだけど。

○食用油をすり込んで磨こう。⑤
- 家から紅花油を持ってきたよ。
- 木にどんどん油が馴染んでくるね！
- 磨けば磨くほど艶が出てきた。

○世界に一つの素手器を手に取って、鑑賞しよう。⑥
- 面白い形だね。何用の器？
- 沢山内側を下げて、大変だったんじゃない？かっこいいね。

教師のストーリーデザイン

3学年で丸刀、三角刀を用いて木版画を製作したり、5学年で彫り進み版画板を用いて曲線や直線で囲まれた形を電動糸鋸で切り取って立体パズルのパーツにしたりした。

I 主体的な学びのプロセス—①
謎の形のできる方法を知り、自分がつくりたい形の美しさや面白さを感じ取り、製作に興味をもつ。

II 深い学びのプロセス—②
謎の形や友達の器のよさを効果的に取り入れる。

謎の形　約13x210x900mm　松　桂

III 主体的な学びのプロセス—②
板の一部を下げたり上げたりするのを器の形に取り入れようとアイデアスケッチで検討したり端材で試したりする。

IV 深い学びのプロセス—①
自分が習った電動糸鋸や彫刻刀を用いることを場合によって取捨選択し工夫して器にする。

> オイル塗装は、木地のままに仕上がることと手軽さによさがあるが、水分の遮断には甘さがある。

V 対話的な学びのプロセス—①
自分や友達の作品、使っている板のよさや美しさを感じる。

VI 対話的な学びのプロセス—②
自分と友達の表現や感じ方の違いを受け入れる。

期待する子供の姿

電動糸鋸のテーブルの傾きだけでなく、板の回転する向きによって、板が下がるか上がるかが決まるなんて、面白いな。彫らないでも器って簡単にできるのに、驚いた。みんな、思い思いの形にして素敵なのができたね。

授業展開

謎を解き、傾斜切りを用いてどんな器にするか考えよう①

導入では板に窪みをつくる切り方である傾斜切りした謎の形を各班に配布した。「この形にするには、どうすればよいか」と謎として提案すると、興味・関心が沸いた。

「謎の形は内側も外側も同じ板。だけど、飛び出して外れなかったり平らに戻ったりするのは、どうして？」「丸や複雑な形を切るのに、電動糸鋸を使ったよね。でも、切り外せた。これは引っかかるよ」等と意見が飛び交った。各班で謎解きの意見を発表した。「まだ使ったことがない用具を使う」「電動糸鋸を使う」「切り口が斜めだから、何とかして斜めに切る」等出た。この謎解きでは既習から答えを導き出したことがうかがえる。「電動糸鋸のテーブルを斜めにし、内形を傾斜切りすることではめ込んだような窪みが成立する」ことの確認ができた。この方法を用いて、どんな器ができるか考えた。「外側と内側の形は違っていてもいいよね」「内側を何段も下げたら、もっと深い器にできるかも」と班の中での会話があった。図工ノートに、何用の器にするのか、どんな風にしたいか等メモをして、つくりたい器のアイデアスケッチを描いた。どのような器にするかを把握した上で板選びからはじめた。

一枚の板からつくってみよう　　②

桂、松の板を用意した。板の大きさは最大約13x210x900mmとし、それ以外にも今までの端材である朴、ラワン等も材料とした。自分が使いたい木を選ぶところから、製作をはじめた。「どのくらいの大きさにしようかな」と手にとったときの感触や色合いで板を選んだ。板選びに迷う子供もいた。

電動糸鋸を使う前に扱いやすい大きさに板を鋸で切った。アイデアスケッチを見ながら、下描きの線に沿って電動糸鋸で外形を切り出した。糸鋸の刃の取り付け方を友人と確認している姿が見られた。電動糸鋸は10台設置し、1台を3、4人で扱うようにした。電動糸鋸の順番を待つ間、彫刻刀で模様を入れたり、やすり掛けをしたりした。また、内形を切るための穴をキリやボール盤で開けて、内形を切る準備もした。内形を切る際、電動糸鋸のテーブルをどのくらい傾けるかと手を傾けながら決める子供もいた。

思うようにならないのは、なぜなのだろう？　　③

内形を傾斜切りする段階で、「なんでこんなに刃が折れるの？」「思ったほどあんまり下がらない」「どっちにテーブ

活動の様子

題材と向き合って出た意見
電動糸鋸と彫刻刀の使い方の図と子供の意見を模造紙で共有する。

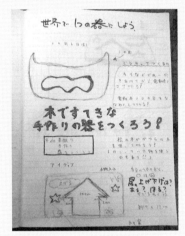

素敵な器なアイデアスケッチ
どんなものを載せようか？入れようか？世界に一つだけの自分の器。

電動糸鋸のテーブルを調整中
奥では外形を、手前では内形を切るために各々調整する。

木 de 素手器 題材名

活動の様子

内形を切る前と後
糸鋸刃を通す穴を開けたり、下がり具合を調整したりする。

底が一段の素手器
底を中心に一つとったり区切り複数つくったりと形も様々な皿。

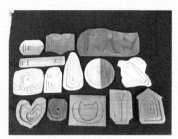

底が複数段の素手器
深さを出すため、表面に突起をつくるなど思いも様々な器。

ルを傾けて、どっち周りに板を切ればいいの」等、一部に困り感が出てきた。「何がいけないのか」をその電動糸鋸を使う友人同士で検討する姿が見られた。「刃の向きが違うのかも…」「焦って切ると、力がかかって抜けるよ」「傾け過ぎない方がいいよ」「切った所をやすると、少し下がったよ」「切り途中の続きから切りはじめるときは、テーブルの傾きと進行方向を間違わなければ大丈夫」等、子供が自分の経験を基に分かったこと、気を付けることを共有した。

それでも、解決しなかったことは、見に来てくれた大学の先生から「木の種類ごとに刃を変える」等助言をもらうと、用具と材料の扱い方に変化が出た。木の種類ごとに電動糸鋸を使い分けて切るようにした等である。このような取り組み方で、自分たちの疑問を解決することができた。

板が外れないように接着しよう ④

切り口を軽くヤスリがけすると、滑らかな手触りになった。板と板が重なる部分に木工用接着材を付けて固定した。鋸の刃を通すための穴や切り口にできた隙間を自分の使った板から出た木の粉をでんぷん糊で練って埋めた。「使っていた木の粉だから穴や隙間を埋めると、おかしくない。丁寧な感じに仕上がった」と地道に穴を埋めた子供は振り返った。

食用油で布を湿らせ拭き塗りしよう ⑤

「木に油が馴染むと木目がきれいに見えた」「しっとりとした感じになる」と作品にオリーブオイルを拭き塗りして感じた。

見て、触って、世界に一つのそれぞれの素手器 ⑥

台の上に布を敷き、氏名、作品名とおすすめポイントを書いた名札を添えて器を置く。器の傍に、図工ノートに「タコの形に２段下げていてすごい」のような感想や触り心地を「しっとりしている」「サラサラしている」等気付いたことをメモしていた。立体や工作に表す作品は、優しく触れて鑑賞することを薦めている。

今回も各々の素手器を手に取り、感触も味わった。「この形、面白いね。何用なの？」「沢山内側を下げたね。大変だよね。階段みたいだね」と友人に直接伝える姿も見られた。ここまでに「どんなものを入れようか」「うまく切れない」と悩むこともあったが、形になってくると、「すごく嬉しい」「仲間で『こうするのは、どう？』と教え合ったのもよかった」といった振り返りも見られた。

実践編 第2章

家庭科

自立に向かう子 — 創造的行動 / 主体的思考 / 共感的感情

　家庭科は、実習や観察、調査などを通して学習することによって、日常生活に必要な基礎的・基本的な知識及び技能を身に付け、生活における自立の基礎を培うとともに、家族の一員として家庭生活を大切にする心情を育てることを目指す教科であると捉えている。このことから、実践的・体験的な活動を重視した学習をしていく過程で、日常の生活に必要とされる基礎的・基本的な知識及び技能を、子供一人一人のよさや個性を生かしながら身に付け、それを活用して生活をよりよくしようと工夫する能力と進んで実践しようとする態度を育てることが大切だと考えた。

教科テーマ

　家庭科部では、家庭科の教科テーマを「自分の生活を見つめ、よりよい家庭生活の実践力を高める子」と設定している。

　家庭科の学習では、実践力を高めるために、家族の一員として「自分にできることは自分でやろう」とする態度を身に付けることが重要である。そのために、自分の成長を自覚し、それを支えてくれた周りの人に感謝する気持ちを育てていく。

　心を育てることが家族への思いを深め、家族の一員として、生活をよりよくしようとする実践的な態度を育てることにつながる。

　次に、習得した知識及び技能を主体的に活用させ、創意工夫するという経験を段階的に積み重ねることが自分の成長を実感へとつながる。

　人との関わりの中で、一人一人の子供が、「家庭科の学習で得た学び」が実際の生活でも活用できることを実感する。そして家族の一員として「自分も役に立つことができる」という満足感や達成感を味わう。このような学びをデザインすることを目的として教科テーマを設定した。

どのように学ぶか —— 教科テーマに迫る「深い学び」のプロセス

　教科テーマ「自分の生活を見つめ、よりよい家庭生活の実践力を高める子」に迫るためには、主体的な学び、対話的な学び、深い学びをデザインすることが大切である。

　家庭科における深い学びとは、「家族の一員として家庭生活をよりよくしようと工夫する」「実践したことを通して、日常的に取り組もうとする」であると考える。

　そのために必要な主体的な学びのプロセスは、「日常生活の中から問題を見いだし、課題を設定する」「課題解決の見通しをもち、学習の過程を振り返る」である。

　また、対話的な学びのプロセスとして「他者の思いや考えを聞いたり、自分の考えを分かりやすく伝えたりする」「観察・実験、調査、交流活動の結果について考察したことの根拠や理由を明確にする」を通る必要があると考える。

　これらのプロセスを通ることによって、家庭科の目指す資質・能力が育まれると考える。

　家庭科の資質・能力を育てることは、「自立に向かう子」の創造的行動の側面を育んでいくことにつながる。

知識及び技能	家族や家庭、衣食住、消費や環境などについて、日常生活に必要な基礎的な理解を図るとともに、それらに係る技能を身に付けるようにする。
思考力、判断力、表現力等	日常生活の中から問題を見いだして課題を設定し、様々な解決方法を考え、実践を評価・改善し、考えたことを表現するなど、課題を解決する力を養う。
学びに向かう力、人間性等	家庭生活を大切にする心情を育み、家族や地域の人々との関わりを考え、家族の一員として、生活をよりよくしようと工夫する実践的な態度を養う。

■ 生活の営みに係る「見方・考え方」

生活の営みに係る見方・考え方について、新学習指導要領では、「家族や家庭、衣食住、消費や環境などに係る生活事象を、協力・協働、健康・快適・安全、生活文化の継承・創造、持続可能な社会の構築等の視点で捉え、生涯にわたって、自立し共に生きる生活を創造できるよう、よりよい生活を営むために工夫すること」と示されている。

すなわち、一人一人の子供が自分を生かすことができるように、題材構成や使用する教材を個に応じて工夫したり、問題解決的な学習により個に応じた課題を選択し追究させたりするなど、弾力的な学習をしていく必要があると考える。

■ 教育内容「何を学ぶか」

家庭科は、「家庭生活と家族」「衣食住の生活」「消費生活・環境」に関する3つの内容で構成されている。家族の一員として家庭の仕事に協力するなど、家庭生活を大切にする心情を育むための学習活動や、家族や地域の異世代の人々と関わるなど、人とよりよく関わる力を育成するための学習活動、食育を一層推進するための食事の役割や栄養・調理に関する学習活動

を充実する。

また、消費生活や環境に配慮した生活の仕方に関する内容を充実するとともに、他の内容との関連を図り、実践的な学習活動を一層充実する。さらに主として衣食住の生活において、日本の生活文化の大切さに気付く学習活動を充実する。

■ 学習評価の方法「何が身に付いたか」

子供の様子は以下の方法で見取っていく。
①教師による行動観察
②子供による相互評価
③図や言葉をまとめるワークシート
④振り返りの学習カード

「知識及び技能」では、教師による行動観察で評価するが、子供の相互評価の記述内容や写真等も評価に生かしていく。

「思考力、判断力、表現力等」では、結果としての創意工夫だけではなく、課題の解決を目指して、工夫したことを図や言葉でまとめ、発表するなど、言語活動を中心とした評価をする。

「学びに向かう力、人間性等」では、話合いの様子の観察や学習カードの感想の記述内容から評価する。また、同じ学習活動の中でほかの観点と併せて評価する場合も考えられる。

第5学年
| 単 | 元 | 配 | 列 | 表 |

4月	1. わたしと家族の生活
	2. はじめてみようクッキング
5月	
6月	3. はじめてみようソーイング
7月	4. かたづけよう 身の回りの物
	5. やってみよう 家庭の仕事
9月	6. 食べて元気に
10月	
11月	7. わくわくミシン
12月	8. じょうずに使おうお金と物
1月	9. 寒い季節を快適に
2月	
3月	10. 家族とほっとタイム

自立に向かう子を育てるための家庭科の資質・能力

知識及び技能

●家族や家庭、衣食住、消費や環境などについて、日常生活に必要な基礎的な理解を図るとともに、それらに係る技能を身に付ける。

ボタンのつけ方、なみ縫い、返し縫い、かがり縫いの縫い方についての理解と技能。

身の回りの整理整頓ができる技能。
ごみの始末や不用品を活用することができる技能。

栄養を考えた食事をとることの大切さについての理解。
五大栄養素の種類と働きについての理解。
栄養素の体内での主な働きにより3つのグループに分けることができる技能。
ご飯やみそしるの調理の仕方を理解し、調理することができる技能。

購入しようとする物の品質や価格などの情報を集め、整理することができる技能。

日常着の着方と手入れについての理解、基礎的・基本的な知識。
快適な住まい方についての理解。

086

思考力、判断力、表現力等	学びに向かう力、人間性等
●日常生活の中から問題を見いだして課題を設定し、様々な解決方法を考え、実践を評価・改善し、考えたことを表現するなど、課題を解決する力。	●家庭生活を大切にする心情を育み、家庭や地域の人々との関わりを考え、家族の一員として、生活をよりよくしようと工夫する実践的な態度。
家族や地域の人々とのよりよい関わりについて考え、工夫する力。	家庭生活と家族の大切さに気付き、進んで取り組む態度。
必要な材料や手順を考え調理計画を立てる力。 材料に合った洗い方・切り方やゆで方を工夫する力。	
製作する小物について考えたり、形などを工夫したりしている力	身の回りのことに関心をもち、進んで裁縫や整理整頓、家事に取り組もうとしている態度。
自分が実践した仕事を振り返り、継続して続けるための工夫をする力。	
ご飯の炊き方やみそしるの調理の仕方について考えたり、工夫している力。	毎日食べている食事に関心をもち、栄養を考えた食事のとり方をしようとする態度。 食品の栄養的な特徴や組み合わせについて進んで調べようとしている態度。 ご飯とみそしるの調理に進んで取り組んでいる態度。
製作物や製作計画について考え、自分なりに工夫し、目的に応じた縫い方について考えたり工夫している力。	布を用いた物の製作を振り返り、製作の楽しさや製作した物を活用する喜びを味わっている態度。
今までの物や金銭の使い方を見直し、計画的な使い方を考えたり、工夫したりする力。 品質や価格などの情報を活用し、目的に合った物の選び方や買い物について考えたり、工夫している力。	
日常着の着方と手入れについて課題を見付け、その解決を目指したり考えたり、自分なりに工夫する力。 快適な住まい方について課題を見付け、その解決を目指したり考えたり、自分なりに工夫する力。	
家族との触れ合いや団らんを楽しくすることについて考えたり、工夫したりして計画を立てている力。	家族や近隣の人々との関わりに関心をもち、家族との触れ合いや団らんをもったり、自分の家庭生活をよりよくしたりしようとする態度。

実践編 第2章 087

| 単元名 | 家庭科 | [5年2学期] 13時間 |

わが家のナンバー椀みそしる

本単元で育てる資質・能力

　本単元で育成を目指す資質・能力は、次のとおりである。
　知識及び技能の観点では、「栄養を考えた食事をとることの大切さについての理解」「五大栄養素の種類と働きについての理解」「栄養素の体内での主な働きにより３つのグループに分ける技能」「ご飯やみそしるの調理の仕方を理解し、調理する技能」を育てる。
　思考力、判断力、表現力等の観点では、「ご飯の炊き方やみそしるの調理の仕方について考え、工夫する力」を育てる。
　学びに向かう力、人間性等の観点では、「ご飯とみそしるの調理に進んで取り組む態度」と「毎日食べている食事に関心をもち、栄養を考えた食事のとり方をしようとする態度」を育てる。
　以上の資質・能力を育てるために、学びのデザインを行っていく。

子供の実態と主体的・対話的で深い学びに向かう姿

　１年生から行われている宿泊体験より自分たちの力で調理をすることで作る喜びを感じ、調理に対して意欲的な子供が多い。しかし、経験はあるものの調理における知識不足や根拠をもたずに調理をしている傾向がある。
　このような実態を踏まえ、本単元では、主体的な姿として課題の発見や解決に取り組むとともに、学習の過程を振り返って次の学習に取り組もうとする姿を捉える。また、対話的な姿として、自分の計画・実践について根拠や理由をもち、友達と意見を共有して互いの考えを深めたり、他者と共同したりするなど、自らの考えを広げ深める姿を捉える。そして、深い学びに向かう姿として実習計画、実習、振り返りといった一連の学習活動の中で課題解決に向けて自分の考えを構想したり、表現したりする姿と捉える。

本単元と社会とのつながり―授業をデザインするコンセプト

　本単元のコンセプトとして「他者への思いをはせながら活動する家庭科」と設定した。新学習指導要領の家庭科では、思考力、判断力、表現力等に関する教科目標として「日常生活の中から問題を見いだして課題を設定し、様々な解決方法を考え、実践を評価・改善し、考えたことを表現するなど、課題を解決する力を養う」が示されている。そのためには、みそしるの調理実習を通して、何のために、誰のために、を考えながら身に付けた知識や技能を活用して生活をよりよくしようと力を育んでいく。また、友達との対話を通して考えを明確にしたり、友達との意見を共有して互いの考えを深めたり、友達と協働したりするなど、自らの考えを広げ深めることができると考える。
　社会の変化と食の多様化でさまざまな「こ食」が生まれてきている。調理実習前後の話し合い活動を中心に自分の考えを広げ実践することで、新たな発見や疑問、課題、応用と向き合うきっかけとなる。他者意識をもって計画的に調理することで、他者と協働することにつながっていくと考える。

家族・友達への思いをはせながら学習する

全13時間

子供の学びのストーリー

○毎日の食事を見つめ、食べることの大切さについて考えよう。①
○おいしいご飯の炊き方について調べよう。②
・お米がご飯に変化するには、水と熱が必要。
・水と熱を加えると米はどう変化するのかな。
○おいしいご飯の炊き方を考えよう。③
・野球ボールを握るくらいで研ぐのがいい。
・一番初めの水をよく吸収するんだよ。
○おいしいご飯を炊こう。④
・底は焦げたのにご飯はべちゃべちゃ。どうしてだろう。
・中火から弱火と様子を見て火力調整が必要だね。
○おいしいみそしるの作り方について知ろう。⑤
・みそを入れてからは煮たてちゃいけないよ。
・ねぎは風味を残したいから最後に入れるよ。
○おいしいみそしるづくりの計画をたてよう。⑥
・火が通りにくい大根からゆでよう。
・大根は水からゆでるから、だしをとったら冷まさなきゃ。
○おいしいみそしるづくりをしよう。⑦⑧
・大根が早く煮えるように薄く切ったらみその味がしみていたよ。
・もっと飲みたくなるようなくせのある味を目指したい。
○オリジナルみそしるづくりの計画をたてよう。⑨
・好きなみそしるの実を入れたいな。
・好みの硬さはどれくらいだろう。
○オリジナルみそしるを作ろう。⑩⑪
・昆布だしをで使った昆布を実として入れたけど、みそしるには合わなかった。他の方法を考えたい。
・前回のみそしる作りの大根より透明でやわらかくできた。

> 本時 「わが家のナンバー椀みそしる」の調理計画をたてよう⑫
> ・おじいちゃんのために実はやわらかくなるようにしよう。
> ・うちは5人家族だから分量はこれぐらいかな。
> ・ねぎを育てているからそのねぎを使おう。
> ・○○さんのオリジナルみそしるで旬のさつまいもを入れていたな。
> ・小松菜を入れて色合いをだそう。

○「わが家のナンバー椀みそしる」の報告会をしよう。⑬
・5人分のみそしるを作ったけれど、多く作りすぎたよ。でも、だしがきいてて美味しいっておかわりして喜んでもらえたよ。

教師のストーリーデザイン

・ゆで野菜をしたから他の調理にも挑戦したい。
・水上の宿泊でみんなと協力して調理ができた。
・トライカードで家族の喜ぶ顔が見れたよ。毎日続けたいな。

I	主体的な学びのプロセスー① 主食である米がどのようにしてご飯となるのかを考える。
II	対話的な学びのプロセスー② ご飯がどのようにして炊きあがるのか、どのようにするとおいしく炊き上がるかについて考察する。
III	対話的な学びのプロセスー① ご飯がどのように炊き上がったかを意見を共有する。
IV	主体的な学びのプロセスー① 自分の家庭ではどのようなことに気を付けてみそしるをつくっているのかを考える。
V	主体的な学びのプロセスー② 調理実習計画を生かして協力して調理する。
VI	対話的な学びのプロセスー① だしの取り方、みそを入れるタイミングなどについて互いの考えを共有する。
VII	主体的な学びのプロセスー① 食べる人のことを考え、調理計画を立てる。
VIII	対話的な学びのプロセスー② 自分の計画について根拠や理由をもち、友達と意見を共有する。
IX	深い学びのプロセスー①② 実践したことや家族の感想から、家庭での実践への意欲を継続する。

期待する子供の姿

・わが家のみそしるは私にまかせて！
・他のおかずを見てみそしるを作れるようになったよ。

実践編 第2章 089

授業展開

食べることの大切さについて考えよう　①
　昨日の給食のメニューから五大栄養素の体内でのはたらき、栄養バランスのよい食事をとることについて考え、自分の普段の食事について見つめた。

お米のひみつを探ろう　②
　主食である米がどのようにしてご飯となるのかを考えた。
　「水分が含まれているからふっくら大きくなるよ」「炊飯器は熱も加わってたき上がるから、熱も必要だ」「炊飯器の中は見えないから、水と熱が加われば、本当にお米はご飯になるのかな」という意見が出された。

おいしいご飯の炊き方を考えよう　③
　子供においしいご飯とはどんなご飯か尋ねると、「硬くもなく、水分が多くてべちゃっとしていない」「見た目がつやつやしている」という意見が出た。
　おいしく炊くために、お米と水の量、最初に入れる水やとぐ回数、とぎ方、浸透させる時間、蒸らす時間など調べてきたことをもとに話し合った。しかし、実際に炊かないと分からないということでご飯を炊く実習を行うことにした。

炊飯器に負けないおいしいご飯を炊こう　④
　グループで話し合ったことをもとにごはんを炊いた。振り返りでは、「米の量に対し、正しく水分を計らないとべちゃべちゃしてしまった」「速く炊き上げるために強火で炊いたら、まだ水分が残っているのに底はこげてしまった。吹き出しそうになったときに中火にして様子をしっかり見ればよかった」「吹き出しそうになったときから蓋を開けたまま炊いたら硬くなっちゃった。蒸発したからだ」などの意見が出た。

おいしいみそしるの作り方について考えよう　⑤
　おいしいみそしるを作るために調べてきたことをもとに、だし、実、みそ、水とそれぞれのポイントについて話し合った。昆布だし、かつおだし、にぼしだしのみそ汁を味見し、何がどう違うのか、味、香りの違いの意見を出し合った。

おいしいみそしるづくりの計画をたてよう（グループ調理）　⑥
　前時に話し合ったことをもとに、グループごとに調理計画を立てた。大根の切り方や実を入れるタイミングを確認し合いながら計画を立てている様子が見られた。

活動の様子

お米のひみつをさぐろう
主食である米がどのようにしてご飯となるのかを考える。

おいしいご飯を炊くこう
ご飯がどのようにして炊きあがるのか考察する。

おいしいみそしるとは
おいしいおみそしるをつくるポイントは何か話し合う。

単元名 わが家のナンバー椀みそしる

活動の様子

みそ汁づくり（グループ）
グループで話し合ったことをもとにみそしるをつくる。

基本があっての自分たちの工夫
工夫した点（黄）、よかった点（青）、改善点（赤）を付箋に記入する。

ペアのためのみそしるづくり（個人）
ペアの好みに合っただし、味、実、かたさを目指して調理する。

おいしいみそしるづくりに挑戦しよう ⑦⑧

前時での計画をもとに、次に個人調理をすることを伝え、グループでのみそしる作り実習を行った。振り返りの中で「味が薄かったから途中で味見をすればよかった」「大根の厚さがバラバラだったから火の通り具合が違くなってしまった」「ごはんと一緒で蓋を開けたままでいると蒸発してしまって味が濃くなってしまった」という意見が出た。それぞれの振り返りを付箋に書き、次回に生かした。

オリジナルみそしるづくりの計画を立てよう(個人調理)⑨

相手意識をもたせるためにペアのために作るみそしる作り、どんな実が好みか、硬さ、味の濃さはどれぐらいが好きかを聞きながら計画を立てた。

オリジナルみそしるに挑戦しよう ⑩⑪

ペアのために作るオリジナルみそしる作りを行った。グループ調理のときは、準備、調理、片付けを協力して行ったが、個人調理はすべて自分。グループ調理での振り返り思い出しながら、ペアと自分の2人分のみそ汁を手際よく調理する様子が見られた。ペアのことを考えて作ったみそしるの感想から、「大根がちょうどいい硬さだった」「もう少し味が濃いのが私は好み」などの意見があり、それに対し、「おいしいと言ってくれるとまた作りたくなる」「自分はこの味がいいと思ったけれど、人によって好みは違うんだなって思った」と振り返り子供がいた。

ペアのために作ったみそしる作りからおいしいみそしる作りを極めよう ⑫

個人調理の振り返り後、ペアのために作ったみそしる作りを生かして、今度は家族のために作りたいという意見が出たので、「わが家のナンバー椀（ワン）みそしる」を考えることにした。2度の調理実習から"ナンバーワン"とは、「味、だし、硬さがベスト」「わが家の定番」「食べる人の好みの実（みそしるに合う）」という意見が出た。

わが家のナンバー椀みそしるの報告会をしよう ⑬

前時から2週間の実施期間を経て、わが家のナンバー椀みそしる作りの報告会を行った。家族の表情や感想から、「みそしるが苦手な弟が残さず全部食べてくれたから大成功だった」「これからはわが家のみそしるは私が担当って言ってもらえたから、毎日作っていきたい」という意見が出た。

 # 体育科

 自立に向かう子

すべての人が健康な体を維持し続けるためには、生涯を通じて運動に親しもうとする姿勢が必要不可欠である。このことから、体育部では体育科を「運動を通して、他者と関わり合いながら、生涯を通じて運動を楽しむ資質や能力を養う教科」であると考えた。

体育では、夢中になって運動に取り組む中で自然と運動の技能面も伸びていく学びをデザインしていく。マットにとび込むなど、一見単純な動きを繰り返すことで、子供はさらに動きを加えてくる。他者の動きを自分に取り入れる。関わり合い運動を楽しんでいく教科であると考える。

教科テーマ

体育部では、体育科の教科テーマを「みんなといっしょに賢いからだになっていく子」と設定している。

体育科の学習では、「自分から進んで様々な運動に取り組むことができる」「他者の意見を取り入れながら、様々な運動に親しむ」「対話や実技を通して、新たな運動経験・感覚にふれる」といった姿を賢いからだと捉えている。

学校で行う体育の学習では、様々な運動経験をもつ子供たちがいる。競争や勝敗に関わることで他者と比較をして自分だけが運動を楽しむ優越感ではなく、みんなといっしょに運動を楽しみ、自分のもっている力を伸ばすことができたという運動に対する自己肯定感が必要であると考える。

「賢いからだ」とは、心と体を一体として捉え、自らが運動に進んで取り組んでいくこと、他者と協働的に学んでいくことであると考えることができる。みんなといっしょに体を動かすことが楽しいと感じる子供を体育の授業の中で育成したい。

どのように学ぶか —— 教科テーマに迫る「深い学び」のプロセス

体育科の教科テーマ「みんなといっしょに賢いからだになっていく子」に迫るためには、主体的な学び、対話的な学び、深い学びをデザインすることが大切である。体育科における深い学びとは、①各種の運動の行い方を理解し、自己の能力に適した課題を見付け、課題の解決に向けて、習得した知識を活用して運動の行い方を工夫すること、②課題の到達度を確認し、必要な知識を収集するとともに実践すること、③自己やチームの能力に応じた運動の楽しみ方を見付けることである。

ここに示された深い学びに子供が到達するには、考える場を与えただけでは、深い学びにはつながっていかない。

子供一人一人が例えば「どうしたら突破できるか」「スムーズにバトンをつなげるか」といった課題をもち、それを集団で共有し、集団の中で自分が変わった、成長したという実感をもたせることが深い学びにつながると考えることができる。子供の主体性を大切にしつつ、教師が明確に方向性をもって、子供を導いていくことが大切である。

知識及び技能	各種の運動の特性や魅力に応じた知識や技能（基本的な技能を相互に関連付けながら身に付ける）。
思考力、判断力、表現力等	自己の能力に適した運動課題に気付き、解決するための活動を選ぶ力。運動の行い方を工夫する力。思考し判断したことを言動や動作等で他者に伝える力。
学びに向かう力、人間性等	仲間と楽しく運動することを通して、進んで学習活動に取り組む、約束を守り公正に行動する、すべての友達と協力して活動する、自分の役割や責任を果たそうとする、友達の取組を認める、安全に気を配る等の態度。

■ 体育の「見方・考え方」

体育の見方・考え方について学習指導要領では、「運動やスポーツを、その価値や特性に着目して、楽しさや喜びとともに体力の向上に果たす役割の視点から捉え、自己の適性等に応じた『する・みる・支える・知る』の多様な関わりと関連付けること」と示されている。すなわち、体育の授業では技能だけに注目するのではなく、関心・意欲・態度、思考・判断などの様々な視点から体育を捉えていくことが必要である。

体育科では、これらの視点からの学習過程を工夫することにより、体育科の目標である「生涯にわたって心身の健康を保持増進し豊かなスポーツライフを実現する」ための「資質・能力」の育成につなげることができると考える。

■ 教育内容「何を学ぶか」

体育科では、生涯にわたる豊かなスポーツライフの実現を重視し、スポーツとの多様な関わり方を楽しむことができるようにする観点から、体力や技能の程度、年齢や性別及び障害の有無にかかわらず運動やスポーツの多様な楽しみ方や関わり方を共有することができるよう、共生の視点を踏まえて指導内容が示されている。小学校で示されている内容は、次のとおり

である。

- ・体つくり運動系
- ・器械運動系
- ・陸上運動系
- ・水泳運動系
- ・ボール運動系
- ・表現運動系

■ 学習評価の方法「何が身に付いたか」

各単元で求める姿は、「○○運動は楽しかった」「○○の運動をまたやってみたい」「家でもやってみたよ」というように、進んで運動に取り組む子供の姿である。こうした姿に近付けるためには、子供にとって楽しいと感じる運動をやらせればよいというわけではない。子供が取り組んだ運動がもつ特性や楽しさを感じるとともに、関心・意欲、思考・判断、技能が身に付

かなければならない。そのためには、教師は子供がねらった姿に近付いているのかを見取る必要がある。具体的には、授業中の子供の発言や学習カードなどの記録が中心になる。よりよく身に付いた力を見取るためには、仲間と対話をしている話の内容やゲームを観察しているときの子供の様子など様々な視点からその姿を見取ることが必要である。

第6学年
|単|元|配|列|表|

自立に向かう子を育てるための体育科の資質・能力

月	単元	知識及び技能
		●各種の運動の特性や魅力に応じた知識及び技能（基本的な技能を相互に関連付けながら身に付ける）。
4月	1. 体ほぐし運動	
5月	2. 短距離走・リレー	
6月	3. 器械運動 マット運動	心と体が関係し合っていることの理解。 仲間と豊かに関わり合う楽しさや大切さに対する理解。 ねらいに応じた動きをする技能。 その運動ならではの楽しさへの理解。
7月	4. 水泳	
9月	5. ボール運動 ネット型ゲーム ソフトバレーボール	
10月	6. ボール運動 ゴール型運動 サッカー	攻守が入り交じった攻防をするためのボール操作やボールを受け取るための動ける技能。 チームの連携による攻撃や守備をするための動きができる技能。
11月	7. 表現運動 8. 器械運動	心と体が関係し合っていることの理解。 仲間と豊かに関わり合う楽しさや大切さに対する理解。 ねらいに応じた動きをする技能。 その運動ならではの楽しさへの理解。
12月	跳び箱運動 9. 保健	
1月	病気の予防	病気の発生要因や予防、喫煙や飲酒、薬物乱用が健康に与える害についての理解。
2月	10. 走り高跳び	心と体が関係し合っていることの理解。 仲間と豊かに関わり合う楽しさや大切さに対する理解。 ねらいに応じた動きをする技能。 その運動ならではの楽しさへの理解。
3月	11. 体つくり	

思考力、判断力、表現力等	学びに向かう力、人間性等
●自己の能力に適した運動課題に気付き、解決するための活動を選ぶ力。 ●運動の行い方を工夫する力。 ●思考し判断したことを言動や動作等で他者に伝える力。	●仲間と楽しく運動することを通して、進んで学習活動に取り組む態度。●約束を守り公正に行動する態度。●自分の役割や責任を果たそうとする態度。●安全に気を配る等の態度。
自分に合った場や練習課題を選択する力。 自分や仲間の気付いたことや考えたことを他者に伝える力。 運動の行い方を工夫する力。	進んで運動に取り組む態度。 約束を守り、仲間と助け合って運動する態度。 分担された役割を果たそうとする態度。 安全に気を配ろうとする態度。 全力を尽くす心地よさや仲間と協力し、運動することの楽しさを味わう態度。 安全に配慮し合う態度。
自分の力に合った距離や記録への挑戦の仕方を選ぶ力。	水泳の心得を守り、安全に気を配って運動する態度。 バディシステムの役割などを果たそうとする態度。
自分たちや相手チームの状態に応じてルールを工夫したり、自己やチームの特徴に応じた作戦を選ぶ力。	場や用具の安全に気を配ろうとする態度。
チームの特徴に応じた攻め方を知るとともに、自分のチームに合った作戦を立てる力。	攻守が入り交じったゲームを仲間と声をかけ合いながら楽しく学習を進める態度。
自分やグループの課題の解決に向けて練習や発表の仕方を工夫する力。	互いの表現のよさを認め合い、助け合って練習や発表をする態度。
自己の能力に適した課題の解決の仕方を工夫する力。 自分や仲間の気付きや考えたことを他者に伝える力。	約束を守り、公正に行動する態度。 準備や片付けなどの活動を友達と協力して行う態度。 安全に気を配りながら運動をする態度。
病気を予防する視点から解決の方法を考え、適切な方法を選び、それらを説明する力。	
自己の能力に適した課題の解決の仕方を工夫する力。 自分や仲間の気付きや考えたことを他者に伝える力。	運動の行う際の約束を守り、仲間と助け合おうとする態度。 分担された役割を果たそうとする態度。

単元名 **体育科**
サッカー

[6年2学期] 7時間

本単元で育てる資質・能力

　本単元における育成を目指す資質・能力としては、知識及び技能として「ゲームの特性や楽しさを理解し、チームの作戦や仲間のアドバイスに耳を傾け実践しようとする技能」、思考力、判断力、表現力等として「ゲームの特性や楽しさを理解し、攻撃や守備での動き方を工夫し表現したり判断したりする力」、学びに向かう力、人間性等として「ゲームに積極的に取り組もうとする態度、同じチームの仲間の考えや取組を認め合おうとする態度」と考える。

　サッカーは、ボールを足で扱う種目であり、そのための難しさも伴う。ねらった所へパスをする、シュートをするといった技能だけに注目するのではなく、他のボール運動領域の学習との関連を考えるならば、ボールを持ってないときに、どんな動きをすればよいかその動きの有効性を感じたり、必要感をもったりしながら運動に取り組んでほしいと考える。

子供の実態と主体的・対話的で深い学びに向かう姿

　体育の授業の中でも「ボール運動」の領域は、子供の興味・関心が高い領域である。特にその種目についてスポーツクラブなどで取り組んでいる子供も多く、より高い関心をもっている子供もいる。その反面、日常生活の中でほとんどボールを蹴る機会がない子もいる。関心や意欲は高いものの、運動経験の格差もより大きい種目ではないかと考えられる。

　運動経験の格差が大きいからこそ、他者の運動経験を受け入れ運動に取り組んでいくことが必要であると考えられる。得意な子供については、自分の運動経験をどんな場面で生かしていくことができるかを考え、苦手な子供については、上手な子のプレーを真似るだけではなく、「すごい」と感じる感性を働かせることが、本単元で求める主体的に運動に取り組む姿なのではないかと考える。また、それが他者との対話を通して、チーム全体がサッカーを楽しんでいる姿はどんな姿かを考え表現することが深い学びであると考える。

本単元と社会とのつながり─授業をデザインするコンセプト

　本単元のコンセプトは「いつでも　どこでも　だれとでも　いつまでも」と設定した。体育部のテーマにも掲げられているように、多様な運動経験をもつ仲間と運動を楽しむことは、生涯スポーツを楽しむための姿勢としてはとても大切なことである。

　そして、私たち人類が生涯健康な生活を送っていくためには、自分に合った運動を続けていくことが必要不可欠である。私たちは、運動をするからといってすべての人が競争型のトップアスリートになるわけではない。多くの人々が非競争型の運動に親しんでいくことが多いと考えられる。そのため、単元のゴールイメージをできるだけオフィシャルな形のゲームやルールを設定するのではなく、学級の実態や運動経験に応じて設定していく必要がある。そして、その単元で取り組んだ運動の楽しさや特性が、子供のこれからの運動経験に生かされていくことを願い、本単元での授業コンセプトを設定した。

授|業|設|計

全7時間

「だれとでも」賢く動いてゲームを楽しむ

子供の学びのストーリー

単元を通したウォーミングアップ
- ●切り返しドリブル
- ●フェイントボールタッチ
- ●ボールキープゲーム
- ●ボール集めゲーム

・足の裏をうまく使って、進む方向が変えられるようになってきたね。
・相手にボールをさわらせないようにするには、相手とボールの間に自分の体を入れればいいんだね。

> 賢い攻撃をみんなで実践しよう
> 賢い攻撃とは…
> ★味方と三角形をうまく作ってみよう。
> ★相手と相手の間に顔を出す。
> ★相手とラインの間に顔を出す。
> ★後ろに下げてもいいけど、すぐに動き出す。

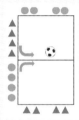

① ②
ナンバーコールゲーム
すばやくボールを取りに行ったり、パスをされないような守備をしよう
・相手より早くボールに近付けたよ。
・パスを防ぐために、ボールの前に立って守備ができたよ。
・相手と相手の間に顔を出すって難しいね。

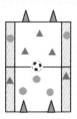

③ ④
フリーゾーンゲーム
自由に動ける人を上手に使ってゲームをしてみよう
・相手と相手の間に顔を出せるようになってきたよ。
・三角形を使うのは難しいけど、友達が教えてくれたからゲームの中で使えるようになってきたよ。

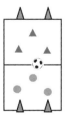

⑤ ⑥(本時) ⑦
3×3のゲーム
練習したことをたくさんゲームで発揮しよう
・三角形をうまく使いながら攻撃ができたね。
・三角形が遠すぎてもうまくパスが通らないんだね。
・ちょうどいい距離の三角形を使える用意なってきたね。

教師のストーリーデザイン

・ボール運動に対する興味・関心は高い。
・友達に対するアドバイス、声をかけ合うなどの素地はできている。
・オフィシャルなルールで取り組むことがサッカーの授業と感じている子もいる。

Ⅰ	主体的な学びのプロセス—② ゲームを繰り返し行ったり、見たりすることで新たな動きを見付けようとする。
Ⅱ	対話的な学びのプロセス—⑤ 他者との違いに配慮し、ルールを上手に活用し、話し合いながら学ぼうとする。
Ⅲ	主体的な学びのプロセス—② 前に学習したゲームを思い出しながら新しい動きを見付けようとする。
Ⅳ	深い学びのプロセス—② チームの仲間のアドバイスや仲間の動きに注目しながら、ゲームの中でその動きを取り入れてみる。
Ⅴ	対話的な学びのプロセス—③ 攻撃や守備の仕方について積極的にアドバイスしたり、もらったりする。
Ⅵ	深い学びのプロセス—③ チームの特徴や今までの様子を見極めチームに応じた作戦を考える。

期待する子供の姿

●チーム全員が積極的にサッカーを楽しむことができたね。
●攻撃では、動きを工夫して三角形を作ることができたね。

授業展開

　ボール運動領域は、子供が喜んで体を動かすことができる領域の一つである。日本でも30年前にプロサッカーリーグが開幕したことから、サッカー人口が拡大し、実際にやる機会、見る機会が増えた子供も多い。しかし、その反面「運動をする子とそうでない子の二極化傾向」があることから、日常生活の中でボールを足で扱うことがほとんどない子供もいる。このことから、サッカーの授業ではボールを扱う技能に長けている子供ばかりが活躍してしまい、苦手な子供はほとんどボールに触ることができずに終わってしまうこともある。また、勝敗にこだわりすぎると、苦手な子供に対して揶揄するような場面が増え、苦手な子供がさらに運動から逃避してしまう姿を生み出しがちである。

　そこで、体育部が設定した「みんなといっしょに賢いからだになっていく子」の教科テーマの元、すべての子供がサッカーの授業を通してその特性に触れながら楽しく体を動かすことができるよう単元を設定した。

　本単元では、ゴールイメージを25（m）×15（m）のコートでの3対3のゲームを設定した。このコートでのゲームを設定した理由としては、
- このコートの広さだと適切な運動量が確保できること。
- ゲームに参加できる人数を3人にすることによってパスをするコースが2通りできることから、全員が空いている空間に動く動きや、そこに向かってパスを出す技能を求めることができること。

この2点を考慮し3対3のゲームを設定した。単元を通したウォーミングアップでは、子供がボールに親しめる要素だけではなく、ゲームに活用できるという視点を踏まえ、「切り返しドリブル、フェイントボールタッチ、ボールキープゲーム、ボール取りゲーム」を設定した。切り返しドリブルでは、ドリブルをしながら、常に自分がボールを操作しやすい位置に置く動き、ボールキープでは、ボールと相手の間に自分の体を入れてボールキープをすること、ボール取りゲームでは、止まっているボールを素早く足の裏で引きドリブルをして自陣に運ぶ動きを身に付けるために行った。

　どの運動でも当てはまることだが、経験を積み重ねることによって、技能は上達し運動をスムーズに行う姿を見ることができた。またスキルアップ以外の効果として同じ相手とばかり運動を行うのではなく、男女関係なく相手を変

活動の様子

フェイントボールタッチ
上半身の動きを使って相手にフェイントをかける。

ボール運びゲーム
足の裏を上手に使ってボールタッチをする。

授業のめあての確認
掲示物を使って、授業のめあての確認をする。

サッカー **単元名**

活動の様子

激しい動き
激しい動きを使ってのボールキープ。

本時のゴール
ちょうどいい三角形を使った3対3のゲーム。

主体的・対話的で深い学び
ゲーム終了後自分たちでの話し合い。

えることによって、コミュニケーションアップを図ることもできた。ウォーミングアップでは、スキルアップに関する視点、コミュニケーションアップに関する視点など、様々な視点で捉え運動を行っていくことが必要であると考えられる。

「激しく」　①

授業では、楽しく体を動かすことができたと感じることが必要である。運動能力が高い子供が低い子供に合わせるのではなく、対峙する相手によって、力の出し入れを調節することが必要である。フェイントゲームや1対1のボールキープでは、男子・女子ともに十分に力を発揮することができていた。

「かしこいパス一本」「ちょうどいい三角形」　②③

第2、3時ではナンバーコールゲームを行った。自分の所に来たボールをやみくもに蹴るのではなく、適切なパスを通す意味で「かしこいパス」という言葉を使った。

また、サッカーで学習したことをバスケットボールやハンドボールに生かすために、常に三角形を意識して攻撃を組み立てるようにした。三角形の位置や形も味方と適切な距離を保つために「ちょうどいい」という言葉を使って指導を行った。

「かしこい攻撃」を目指して　④

攻撃を有利に進めるため、攻撃時にフリーゾーンを用意した。アウトナンバーの状態で攻撃を進められる三角形が子供の中にかなり定着してきたので、相手と相手の間に顔を出し、パスをもらう動きを「かしこい攻撃」と名付け実践で使えるようにした。

「どうしたらかしこい攻撃になるか」　⑤⑥⑦

5～7時間目で本単元のゴールイメージである3対3のゲームを行った。味方と敵が同数のため、ちょうどいい三角形ができたと思っても、相手によいポジションをとられてしまうと、パスを出す・もらうことができない。そのため、自分からポジションを修正することやコートの外にいるメンバーが声をかけ、動きを修正するような行動が見られた。

外国語科

自立に向かう子
創造的行動　主体的思考　共感的感情

　外国語によるコミュニケーションにおける見方・考え方の中に、「外国語やその背景にある文化を、社会や世界、他者との関わりに着目して捉える」とある。
　このことから、「外国語による活動を通して相手を大切にしたよりよいコミュニケーションをするために必要なことを、主体的に考えて外国語を使う資質・能力を養う教科」とした。

教科テーマ

　外国語科では、教科テーマを「コミュニケーションの心地よさをつくる子」と設定している。
　外国語科の学習では、相手を尊重して聴き、そして自分のことを伝えるという、「相手を大切にした」コミュニケーションが重要であると捉えている。
　そのためには、次の3つの「心地よさ」が必要であると考えている。
　1つ目は、他者と新しい情報を伝え合うことによって、相手を知ったり自分のことを伝えたりする心地よさ。
　2つ目は、情報を伝え合う中、言葉以上のこと（ジェスチャー、表情、声のトーン）を通して相手を知ったり、自分のことを伝えたりする心地よさ。
　3つ目は、情報を外国語で伝え合うことができる心地よさ。
　以上3つの心地よさを、外国語による活動の中で積極的に味わえる場をデザインし、子供たちが主体的に心地さよさをつくることが、相手を大切にした、よりよいコミュニケーションづくりにつながると考える。

どのように学ぶか —— 教科テーマに迫る「深い学び」のプロセス

　教科テーマに迫るためには、主体的な学び、対話的な学び、深い学びをデザインすることが大切である。外国語科における深い学びとは、「言語やその背景にある文化に対する理解を深める」「他者を大切にしながら主体的にコミュニケーションをし、他者理解、自分理解につなげる」であると考える。
　そのために必要な主体的な学びのプロセスでは、「言葉の楽しさや豊かさに触れて慣れ親しむ学習」「学習の見通しを立てたり振り返ったりして、よりよいコミュニケーションについて考え、次につなげていく学習」を通すことが必要である。
　対話的な学びのプロセスでは、「身近で簡単な事柄について、自分の考えや気持ちなどを伝え合う学習」「他者との対話を通して、伝えたい英語表現に気付く学習」を通す必要があると考える。
　これらのプロセスを通すことによって、外国語科の目指す資質・能力が育むことで、「自立に向かう子」の要素である主体的思考と共感的感情を身に付けていくと考える。

知識及び技能	外国語の音声や文字、語彙、表現、文構造、言語の働きなどについて、知識を理解すること。読むこと、書くこと、聴くこと、話すことによる実際のコミュニケーションで活用できる基礎的な技能。
思考力、判断力、表現力等	コミュニケーションを行う目的や場面、状況などに応じて、身近な事柄について、聞いたり話したりする力。音声で十分に慣れ親しんだ外国語で考えや気持ち等を伝え合うことができる基礎的な力。
学びに向かう力、人間性等	外国語の背景にある文化に対する理解を深め、他者を大切にして、主体的に外国語を用いてコミュニケーションを図ろうとする態度。

■ 外国語によるコミュニケーションにおける「見方・考え方」

外国語科の見方・考え方について新学習指導要領では、「外国語で表現し伝え合うため、外国語やその背景にある文化を、社会や世界、他者との関わりに着目して捉え、コミュニケーションを行う目的や場面、状況等に応じて、情報を整理しながら考えなどを形成し、再構築すること」と示されている。

すなわち、外国語が話せるようになることばかりに目を向けるのではなく、目的や場面、状況に応じていかに「相手を大切にして」コミュニケーションをするか、という視点である。相手に心を寄せて聴く、相手により分かりやすいように伝える等、意識をしてコミュニケーションをすることで、他者との関わり方を学ぶことができると考えている。

■ 教育内容「何を学ぶか」

外国語科では、英語の特徴やきまりに関すること、情報を整理しながら考えなどを形成し、英語で表現したり、伝え合ったりすることに関すること、言語活動及び言語の働きに関することという内容がある。

英語の学習の特質から、聞くこと、読むこと、話すこと【やりとり】、話すこと【発表】、書くこと、という5領域に分かれている。これ

らの内容を5領域の言語活動を通して、相手を大切にしながら主体的にコミュニケーションを図る基礎となる資質・能力を育成していく。

本校外国語科では、第二言語習得は「聴くことから」ということと、「相手を大切にした」コミュニケーションのため、心を寄せて聴くことを大事にしていきたいことから、特に「聴く」活動を多く取り入れた指導をしている。

■ 学習評価の方法「何が身に付いたか」

子供の様子は以下の方法で見取る。
①ワークシートと振り返りシート
②子供の発言やつぶやき

「知識及び技能」では、子供がやりとりをしている言葉や発言、ワークシートに書かれた文字から見取ることができると考える。

「思考力、判断力、表現力等」では、子供のやりとりの様子や、振り返りから、伝えたいこ

とを伝えることができているのか、聴くことができているのかを見取ることができると考える。

「学びに向かう力、人間性等」では、授業中のやりとり後に全体で行う振り返りでの発言や、振り返りシートの中で、子供がよりよいコミュニケーションについて書いたことから見取ることができると考える。

実践編　第2章　101

第5学年
｜単｜元｜配｜列｜表｜

月	単元	自立に向かう子を育てるための外国語科の資質・能力	知識及び技能
			●外国語の音声や文字、語彙、表現、文構造、言語の働きなどについて、知識を理解すること。●読むこと、書くこと、聴くこと、話すことによる実際のコミュニケーションで活用できる基礎的な技能。
4月 5月	1. 自己紹介・感情表現		自分の名前の言い方、感情や様子を表す表現を、実際のコミュニケーションで活用できる技能。
5月 6月	2. 大きな数		大きな数の表現方法を理解する。
6月 7月	3. 夢の時間割を作ろう		曜日や教科名、序数の表現方法を理解する。
9月 10月	4. 私、友達のお気に入り		色の表現、お気に入りを伝えたり尋ねたりする表現方法を理解する。
11月 12月	5. 欲しいものを伝えよう		欲しいものについて友達と伝え合うための技能。
1月 2月	6. できることを伝えよう		できることについて友達と伝え合うための技能。
3月	7. 自分の得意なことを伝えよう		中学生に自分の好きなものや、得意なことを伝えるための技能。

思考力、判断力、表現力等	学びに向かう力、人間性等
●コミュニケーションを行う目的や場面、状況などに応じて、身近な事柄について、聞いたり話したりする力。●音声で十分に慣れ親しんだ外国語で考えや気持ち等を伝え合うことができる基礎的な力。	●外国語の背景にある文化に対する理解を深め、他者を大切にして、主体的に外国語を用いてコミュニケーションを図ろうとする態度。
相手に自分の名前や、感情や様子を話す力。	積極的に相手に感情や様子を伝えようとする態度。 相手の自己紹介や話を、心を寄せて聴く態度。 よりよいコミュニケーションを考えたことを生かしていこうとする態度。
相手に関係する数について質問したり答えたりするコミュニケーション能力。	身近な相手に関する数字についての話を、心を寄せて聴く態度。
夢の時間割について、伝えたり、尋ねたりする力。	
好きな色を話すことをきっかけにして、お気に入りのものについて、話したり聴いたりする力。 なぜお気に入りなのかを伝え合うことができる基礎的な力。 友達の話についてリアクションができる基礎的な力。	お気に入りのものについて、積極的に伝え合おうとする態度。 友達のお気に入りのものについてコミュニケーションをする中で、相手のお気に入りのものを肯定的に受けとめ、心を寄せて聴くことができる態度。 お気に入りのものについて伝え合う中で英語表現が分からなくても、表情やジェスチャー等で何とか伝えようとする態度。
	友達の欲しいものについての話をし、心を寄せて聴く態度。
友達の話についてリアクションができる基礎的な力。 友達の話を聴き、その話題に合わせてリアクションをしたり、質問をしたりする力。	できることについて、積極的に伝え合おうとする態度。 英語を使ってコミュニケーションをする中で、友達を知ることを大切にする態度。
中学1年生と好きなものや、得意なことについて聞いたり話したりすることを通してリアクションができる基礎的な力。	自分の好きなものや、得意なことについて中学生に積極的に伝えようとする態度。 伝え方が分からない表現があるときに、積極的に中学生に聞こうとする態度。 中学生が話すことが分からなかったときに、もう一度尋ねようとする態度。

実践編　第2章　103

| 単元名 | 外国語科 | [5年2学期] 6時間 |

私、友達のお気に入り

本単元で育てる資質・能力

　本単元で育成を目指す資質・能力は、知識及び技能の基礎として「お気に入りについて伝え合うのに必要な英語の語彙や表現を理解している」、思考力、判断力、表現力等として「お気に入りについて友達と口頭で伝え合うことができる」、学びに向かう力、人間性等として「他者に配慮しながら、主体的に外国語を用いてコミュニケーションを図ろうとする」である。

　お気に入りについて伝え合うのに必要な英語表現を、クイズやゲーム等で繰り返し聞き、たくさん触れることで理解をする。その表現を使いながら、身近な人の英語を、繰り返し聴いたり、短く簡単な表現で伝えたりする。こういった過程を経る中で、または振り返りをする中で、よりよいコミュニケーションについて気付いたり、考えたりしたことを、次のコミュニケーションの機会に生かしてみようとすることで、他者とよりよい関係づくりをしていく資質・能力を育む。

子供の実態と主体的・対話的で深い学びに向かう姿

　5年生の子供たちは、外国語にたいへん興味・関心がある。英語を話したい、聞きたい、書きたいと考えている子供も多い。外国語の活動をしている中で、子供からは、「英語を話したい、伝えたい」という思いがとても強いが、相手を大切にして「聴く」ということには課題があると感じている。そのため、日々の授業の中で、「相手を大切にして聴く」ことができるような活動を設定していきたいと考えている。

　「相手を大切にして聴く」ことができるように、身近な先生がお気に入りを話している映像を見せている。すると、子供たちは、「聴きたい」という思いで聴くことができる。また、その相手が友達になったときに、相手が安心して話してくれるためにはどうしたらよいかを考え、うなずきながら聴く、相手の目を見る、リアクションをしながら聴くことを意識した。そのことで「相手を大切にする」コミュニケーションに気付いたり、他者理解につながったりすると捉えている。

本単元と社会とのつながり―授業をデザインするコンセプト

　本単元のコンセプトは、「相手を大切にして聴く、聴く、そして伝える」である。相手を大切にして聴くために、「お気に入り」を伝える活動を設定した。「お気に入り」は、自分のとても大切な物である。大切に思うからこそ、友達のお気に入りについての話も大切にして聴くことができるのではないかと考えた。また、言語材料や、色や物の名前の英語表現をインプットする、単元の最初の段階から子供たちの思いを大切にし、「聴く」ことができるような活動を設定した。

　これからの社会では、多種多様な価値観を肯定的に受け入れ、多彩な異文化との共生が求められている。自分や友達のお気に入りの物についてやりとりをする上で、友達のお気に入りは、自分にとってはそこまで素敵な物ではないかもしれないが、相手にとっては大切な物だとしてその価値観を肯定的に受け入れることが、「相手を大切にして聴く」ことにもつながると考えた。

相手を大切にして聴く

全6時間

子供の学びのストーリー

○学習の見通しをもつ。使われる表現を知る。色の表現に親しむ。①
・お気に入りについて話すんだ。どのように話すことができるかな。
・What がたくさん出てくるな。
○好きな色を聴く、答える。
・先生が好きな色は、緑なんだ。
・What color do you like?
・I like green.
○自分がもっている好きな色が入っているものを伝え合う②
・What color do you like?
・I like green.
・Do you have something green?
・Yes.
・What do you have?
・I have a green pencil, a green bicycle, …, and a green T-shirt.
・I see.
・いっぱい持っているな。よほど好きなんだな。
○お気に入りを伝える表現を知る。③
・What is your favorite sport?
・My favorite sport is futsal.
・嬉しそうに話している。本当に好きなんだなあ。
○自分が持っている好きな色が入っている物について、写真も使って伝え合う。④
・What color do you like?
・I like green.
・Do you have something green?
・Yes.
・What do you have?
・I have a green pencil, a green bicycle, …, and a green T-shirt.
・What is your favorite green thing?
・This is my favorite green thing.
・Nice!

> 本時⑤
> ○自分が持っている好きな色が入った持ち物の中のお気に入りについて、写真も使って伝え合う。
> ・What color do you like?
> ・I like green.
> ・What is your favorite green thing?
> ・This is my favorite green thing. 緑の模様も気に入ってるんだ！
> ・Nice! 不思議な模様だね！

○振り返り、よりよいコミュニケーションを考える。⑥
・相づちを打ちながら聴いてみよう。
・ジェスチャーもしてみようかな。
・友達が反応しながら聴いてくれて嬉しかった。
・前よりもよく伝えることができたと思う。

教師のストーリーデザイン

What ～ do you like? や、What is this? という表現を聞いている。
色の名前を聞いたら何色か分かる。
I like ～. I have ～. という表現を聞いている。

I 主体的な学びのプロセス―①
色の表現、物の名前などにたくさん触れて言葉に慣れ親しむ。

II 対話的な学びのプロセス―①②
友達と好きな色、好きな色が入った物について、聴いたり伝えたりする。教師や友達の表現から、自分が伝えたい英語表現に気付く。

III 深い学びのプロセス―②
教師や友達のお気に入りのものについての英語を、相手に心を寄せて聴く。自分のお気に入りの物について伝え合うことで友達のことを新しく知る。

IV 主体的な学びのプロセス―②
前時を振り返り、よりよい伝え方、聴き方について考え、次のコミュニケーションにつなげる。

期待する子供の姿

・多くの友達のお気に入りについて知ることができた。
・反応をしながら聴いたら、友達が嬉しそうだった。英語を使って友達とたくさん会話ができた。

授業展開

学習の見通しをもつ、使われる英語表現を知る、色の表現に親しむ ①

　はじまりの歌やあいさつの後に、子供たちへ、「外国語活動とは？」「外国語活動で大切にしていきたいこと」「これから学習していくことは」という3点を話した。この時間の中心は、What color do you like? I like ～. という言語材料を何回も聞き、友達とやりとりをすることである。まず、言語材料を話している学年の先生や前の学年の担任の先生の映像を見せた。一人一人の映像を見せる直前に、What color does he (she) like? と聞き、予想させて、より思いをもって英語を聴くことができるようにした。その後、子供たち同士のやりとりでは、スムーズにやりとりができた上に、自らその理由を聞いているペアもあった。

自分が持っている好きな色が入っている物を伝え合う ②

　使った言語材料は、What color do you like? I like ～. Do you have something ～? Yes (No). What do you have? I have ～, ～, ～, and ～. と、前時よりも使う表現が増えた。それまではこれほど多くの言語材料を扱ったことがなかったので、子供たちが混乱することが予想された。そのため、身近な先生の、言語材料を話している映像を繰り返し見せた。事前に予想させ、チェックをするためにもう1回見る、というように、自然と繰り返して見ることができるようにした。また、やりとりをするときの手助けになるように、言語材料を黒板に貼り、そのやりとりの順番を示しながらモデルを見せるようにした。

お気に入りを伝える表現を知る ③

　使った言語材料は、What is your favorite ～? My favorite ～ is ～. である。前時よりも、表現する文の数は少ないものの、「favorite」というはじめて出てくる言葉であるため、丁寧に扱った。身近な先生の映像を見せた後に、まずは子供たちにとって比較的答えやすいと思われる、「sports」「sushi」「ramen」「drink」を、教師対子供でやりとりをした。favoriteの意味は子供たちにすぐに入ったものの、いざ発音してみようとすると、非常に言いにくそうにしていた。全体での授業の振り返りとして、What is your favorite ～? のやりとりをし、定着を図った。また、子供たちの振り返りから、コミュニケーションをするときに目を合わせる、合わせないで、かなり受ける印象が違う、ということに気付いた子供がいた。

活動の様子

心を寄せて聴く
身近な先生の英語を、その先生に心を寄せて聴く様子が見られた。

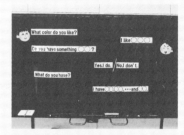

黒板を見ながら
黒板を見て確認をしながらやりとりをする。

聞き逃さない！
前時でのやりとりで、よい姿があったときには、次時で必ず確認した。

単元名 私、友だちのお気に入り

活動の様子

写真も使って伝え合う
写真を使って伝えると、相手にとっても分かりやすい。

お気に入りの鉛筆！
理由を聴くと、なるほど！と、納得のお気に入り。

振り返る
振り返り、よりよいコミュニケーションについて考える。

自分が持っている好きな色が入っている物について、写真も使って伝え合う　④

使った言語材料は、この時間が一番多かった。子供たちとしては、「英語を使ってやりとりをしている」という実感をもった一方で、黒板の掲示物を見ても、英語を言うだけで精一杯という子供もいた。黒板の掲示物を見る機会が多かったからか、振り返りからは、「目と目を合わせて話す」ことの重要性を感じた子供が多くいた。写真を使って伝えることは、伝える側の子供にとっては、安心して伝えることができるもので、伝えられる側の子供にとっても、より分かりやすいものとなっていた。

自分が持っている好きな色が入ったお気に入りの物について、写真も使って伝え合う　⑤

前時の子供たちの様子から、使う言語材料を減らして、より思いをこめた伝え合いができるようにした。前時と違うところは、お気に入りを伝えた後に、理由も合わせて伝えるようにしたところである。理由を英語では伝えられない部分もあるので、日本語で伝えているところもあったが、思いを十分にのせることができるようであった。聴く方も、「何でそれがお気に入りなのか」というところで、相手の価値観を肯定的に受け止めることができる部分である。ちなみに、左の写真は、他の人が見たら普通の鉛筆だが、その子にとっては、「安くて、握った感じがとてもよくて、何回も使いたくなる常連さんなんだ」というくらいのお気に入りである。その理由を聴くと、「なるほど！」と、共感ができるのである。

振り返り、よりよいコミュニケーションを考える　⑥

振り返りは、毎時間行っていて、その時間の聴き方や伝え方を振り返るものである。最後の振り返りは、単元全体も振り返った。英語をたくさん使ってやりとりをしたという達成感のほかに、聴くときにはうなずいたり、目を合わせて聴くと、気持ちよくコミュニケーションができるという気付きがあった。

伝えることについても、目を合わせること、はっきりと言うこと、英語で伝えきれない部分は、ジェスチャーを使って伝えるとよいことに気付いた子供もいた。また、やりとりの後に、「先生が映像で話していたことが意外だった」「友達のことを改めて知った」等、相手の新しい情報を知ることができた嬉しさも書かれていた。

実践編　第2章

総合的な学習の時間

これからの社会を生きる子供たちは、予測困難な社会の変化に主体的に関わり、感性を豊かに働かせながら、どのような未来を創っていくのか、どのように社会や人生をよりよいものにしていくのかという目的を自ら考え、自らの可能性を発揮し、よりよい社会と幸福な人生の創り手となる力を身に付けられるよう資質・能力を育成することが重要だと言われている。

総合的な学習の時間は、このような資質・能力を育成するために、学びの質や深まりを重視し、学ぶことと社会とのつながりをより意識した探究の学習の時間である。

教科テーマ

総合的な学習の時間では、テーマを「探究的な学びを楽しみ、自己の生き方を見つめる子」と設定している。

総合的な学習の時間の目標は、学校教育目標を踏まえて、「探究的な見方・考え方を働かせ、子供を取り巻く環境（人・自然・社会）と関わる総合的な学習を通して、なりたい自分を思い描きながら、意味や価値を追求して課題を解決し、自己の生き方を考え自立に向かうための資質・能力を育む」と捉えている。

複雑で変化の激しい社会においては、問題解決能力がますます高いレベルで求められる。そこで、本校が大切にしている「なりたい自分」を思い描きながら、意味や価値を追求していく質の高い探究活動の経験を得ることを重視した。

子供の「やってみたい」「こうなりたい」という想いを中心に探究的な学びを活動することは、学びを楽しみ、学び続ける自分に出会えると考えた。その自分との出会いが、「自己の生き方を見つめる」ことにつながり、「自立に向かう子」の姿であると捉えている。

どのように学ぶか ― 教科テーマに迫る「深い学び」のプロセス

教科テーマ「探究的な学びを楽しみ、自己の生き方を見つめる子」に迫るためには、主体的な学び、対話的な学び、深い学びをデザインすることが大切である。

総合的な学習の時間における深い学びとは、「学習過程の中で探究的な見方・考え方を総合的に働かせて思考・判断・表現し、資質・能力を獲得していく」学びである。そのためには、探究の過程を一層重視し、資質・能力が繰り返し活用・発揮される必要がある。個別の知識や技能は関連付けられ概念化し、能力は活用場面と結び付いて汎用的になり、日常生活の多くの場面や多様な文脈で使えることが期待される。また、「学びを意味付けたり価値付けたりして、変容を自覚する振り返りを行い、次の学びに生かそうとする」主体的な学びや、「他者や自己、先人の考えなどと対話し、知識・技能の構造化や多様な情報収集をする」対話的な学びを繰り返すことで、質的向上を目指すことができると考える。これらのプロセスが充実することにより、探究的な学びを楽しみ、自己の生き方を見つめることができると考えた。

知識及び技能	子供を取り巻く環境（人・自然・社会）に関わる探究的な学習の過程において、課題の解決に必要な知識及び技能を身に付け、課題に関わる概念を形成し、探究的な学習のよさや楽しさを理解する。
思考力、判断力、表現力等	子供を取り巻く環境（人・自然・社会）の中から自ら問いを見いだし課題を立て、その解決に向けて仮説を立てたり情報を集めて整理・分析したりして、まとめたり表現したりする力を身に付ける。
学びに向かう力、人間性等	自ら対象に関わり、仲間と高め合いながら、子供を取り巻く環境（人・自然・社会）についての探究的な学習に取り組むとともに、互いのよさを生かしながら、積極的に身近な社会に参画しようとする態度を養う。

■ 探究的な「見方・考え方」

探究的な「見方・考え方」には、「各教科等における「見方・考え方」を総合的に働かせるということ」と「教科等の視点だけで捉えきれない広範な事象を多様な角度から俯瞰して捉え、課題の探究を通して自己の生き方を問い続けること」の2つが新学習指導要領に示されている。特に2つ目は、総合的な学習の時間特有の物事を捉える視点や考え方である。

すなわち、教科の資質・能力を関連付けたり、学んだことを実際の活用場面と結び付けたりする場面で発揮されるのである。

教師が各教科の資質・能力を把握し、探究活動における「整理・分析」や「まとめ・表現」、「新たな課題設定」の場面等で、これらの資質・能力を子供自らが発揮できる仕掛けを作ることで、より確かなものとなると考えられる。

■ 教育内容「何を学ぶか」

総合的な学習の時間における内容の設定は、子供の興味・関心に基づく課題、地域や学校の特色に応じた課題、現代的な諸課題に対応する横断的・総合的な課題などが例示されているが、目標を実現するにふさわしい探究課題を各学校で定める必要がある。

また、その探究課題とは、横断的・総合的な学習としての性格をもち、探究的な見方・考え方を働かせて学習することがふさわしく、それらの解決を通して育成される資質・能力が、よりよく課題を解決し、自己の生き方を考えていくことに結び付いていくような、教育的に価値のある諸課題であることが求められている。本校ではこれらに加え、子供の実態と、子供を取り巻く環境（人・自然・社会）から内容を設定して取り組んでいる。

■ 学習評価の方法「何が身に付いたか」

各学校が設定する評価規準は、本校では活動における具体的な子供の姿を「期待する子供の姿」として描き出し、期待する資質・能力が発揮されているかどうかを把握しようとしている。

そのためには、年間や単元などの内容のまとまりを通して、一定程度の時間数の中において評価を行うこと、成果物等から子供がどのように探究の過程を通して学んだかを見取ること、

学習の活動前・活動中・活動終末それぞれで状況の把握と改善を計画的に位置付けることなどが新学習指導要領に示されている。また子供のよい点、学習に対する意欲や態度、進歩状況などを踏まえて評価するだけでなく、子供自身も自分のよい点や進歩状況に気付けるように、文章や発言などの振り返りから定期的に見取ることが必要であると考えられる。

第3学年

|単|元|配|列|表|

4月	**0. 宿泊学習に行こう**
5月	総合的な学習ってどんな時間
6月	1-1　鎌モンGO 課題の設定 生き物と仲良くなりたい
7月	1-2　鎌モンGO 情報の収集 仲よくなる方法を調べよう
9月	1-3　鎌モンGO 整理・分析 仲よくなる方法を整理しよう
10月	1-4　鎌モンGO まとめ 上手に飼ってみよう 2-1　鎌モンGO
11月	課題の設定 もっと鎌モンと出会いたい
12月	2-2　鎌モンGO 情報の収集 生き物の情報を集めよう
1月	2-3　鎌モンGO 整理・分析 今まで出会った鎌モンを整理しよう
2月	2-4　鎌モンGO
3月	まとめ 生き物の未来を考えよう

自立に向かう子を育てるための総合的な学習の時間の資質・能力

生き物の多様性と相互性や生息環境の理解

知識及び技能

●子供を取り巻く環境（人・自然・社会）に関わる探究的な学習の過程において、課題の解決に必要な知識及び技能を身に付け、課題に関わる概念を形成し、探究的な学習のよさや楽しさを理解する。

想いをもとに活動を創ったり計画を立てたりする知識及び技能。

内外の協力者や学校の仲間と連携してふしぎを解決していくよさへの気付き。

生き物を飼育する技能。

生き物が生きていく環境に関する概念的知識の獲得

ふしぎを解決し、新たなふしぎをつくることを楽しむ自分への気付き。

思考力、判断力、表現力等	学びに向かう力、人間性等
●子供を取り巻く環境（人・自然・社会）の中から自ら問いを見いだし課題を立て、その解決に向けて仮説を立てたり情報を集めて整理・分析したりして、まとめたり表現したりする力を身に付ける。	●自ら対象に関わり、仲間と高め合いながら、子供を取り巻く環境（人・自然・社会）についての探究的な学習に取り組むとともに、互いのよさを生かしながら、積極的に身近な社会に参画しようとする態度を養う。
必要な情報を集める力。	なりたい自分を思い描こうとし、進んで活動に関わろうとする態度。
協力して集めた情報を比べて整理する力。	自らが楽しみながら、周りと協力して課題解決に向けて取り組もうとする態度。
川から生き物を集めたり育てたりする上での問題を見付け、その解決方法や手順を考える力。	
見付けた生き物の情報を協力して集めて、カードやシートに記録をする力。	自らが楽しみながら、周りと協力して生き物や川について調べ、飼育方法や生き物のことを考える態度。
協力して集めた情報を比べて、生き物と仲良くなるとはどういうことかを整理する力。	整理・分析をする中で、自分のよさを理解したり他人の考えを理解したり、お互いの考えを認め合おうとする態度。
	なりたい自分を思い描こうとし、進んで生き物のために役立とうとする態度。
出会った多くの生き物を飼ったり会いに行ったりするための解決方法や手順を考える力。	
必要な情報を協力して集めて、カードやシートに記録をする力。	自らが楽しみながら、周りと協力して生き物や川について調べ、生き物に関わろうとする態度。
協力して集めた情報を比べて、川・池・学校などの生息地域や在来・外来などの分類に分けて整理する力。	探究的な活動を通して、自分のよさを理解したり他人の考えを理解したり、お互いの考えを認め合おうとする態度。
内外の協力者や学校の仲間、伝えたい相手に分かりやすく表現する力。	なりたい自分を思い描こうとし、進んで生き物や人のために役立とうとする態度、もっと知りたいと学びたいと思う態度。

実践編　第2章

総合的な学習の時間　　　　　　　　　　　　　　　　［3年1～3学期］**50時間**

単元名 **鎌モンGO！**

本単元で育てる資質・能力

　本単元で育成を目指す資質・能力は次のとおりである。知識及び技能の観点では、「生き物の多様性と相互性、生息環境に対する知識」「生き物を飼育する技能」「ふしぎを解決し、新たなふしぎをつくることを楽しむ自分への気付き」である。思考力、判断力、表現力等の観点では、「生き物を育てる上での問題を見付け、その解決方法や手順を考える力」「協力して情報を集め、仲間分けしたり比べたりして整理する力」「内外の協力者や学校の仲間に分かりやすく表現する力」である。学びに向かう力、人間性等の観点では、「楽しんで生き物について調べたり飼育したりする態度」「お互いの考えを認め合おうとする態度」「進んで生き物や人のために役立とうとする態度」である。

　特に学びに向かう力、人間性等の観点で述べた内容は、教科テーマでもある「自己の生き方を見つめる子」にもつながり、かつ他教科でも発揮される資質・能力であるが、探究的な学習において、3つの資質・能力が相互に関わり合いながら高められていくと考えられる。

子供の実態と主体的・対話的で深い学びに向かう姿

　本学級は生き物が好きな子供が多く、少しずつ教室に生き物が増えている。これは2年生までの生活科での学習の積み重ねがあるからと考える。また、3年生になり理科の学習で生き物を扱い、感心をもつ子はさらに増えた。社会科の学習で鎌倉は自然が豊かであることを学び、近くの川に見に行き、実際に生き物がいることを発見すると、その生き物を連れて帰りたいと自分たちの想いを口にする子供が多くいた。

　このような実態を踏まえ、本単元では、生き物に対する自分たちの想いを解決するためにどのようなことを考えればよいのか見通しをもち、自己変容を次の学びに生かそうとする姿を主体的な学びとして捉える。友達と話し合うことや資料や専門家から情報を集める姿を対話的な学びとして捉える。理科や社会、道徳など各教科等や総合的な学習の時間で獲得した資質・能力を繰り返し活用・発揮する姿を、深い学びに向かう姿として捉える。

本単元と社会とのつながり―授業をデザインするコンセプト

　本単元のコンセプトは、「ふしぎのタネからつながるわくわく」と設定した。本学級では「ふしぎ発見」を学級目標としている。総合的な学習の時間においては、学級目標を核に授業をデザインした。子供たちは自分たちを取り巻く環境（人・自然・社会）に対して多くの「ふしぎ」を発見する。そこで、1つ1つの「ふしぎ」を学級全体で解決し、新たな「ふしぎ」をつくるステップを意識した探究的な学習を進め、子供がわくわくする学びにしたいと考えた。

　実社会においても未知の課題に対して解決していこうとする状況に直面したとき、探究的に解決していくことが求められている。本単元では、人と自然との関係を考える上での基礎となる実体験から「ふしぎ」を発見し解決するため、実感を伴った本当の理解へとつながることが期待できる。また、学習におけるわくわく感は学びに向かう力につながり、身に付けた自然観や探究的な学びの方法は、今後の社会の諸問題を考える上でも重要な基礎となるはずである。

授｜業｜設｜計

全50時間

ふしぎをつなげて、わくわく感をつなげる

子供の学びのストーリー

【あの川の生き物が友達に】
○生き物と仲よくなりたい①～⑩
・滑川にどんな生き物がいるのかな？
・捕まえた生き物はどうする？
・仲よくなるってどういうこと？
○仲よくなる方法を調べよう⑪～⑮
・水槽やエサを用意しよう。
・学校の物を使おう。
・日なたと日かげを比べよう。
・用務員さんに聞こう。・図書室で調べよう。
・専門家に聞いてみたい（水族館の人に聞こう）。
○仲よくなる方法を整理しよう⑯～⑱
・飼うときに気を付けることが分かったよ。
・生き物と仲よくなるってどういうこと？
○上手に飼ってみよう ⑲～㉒
・飼えるようになってきた。
・仲よくなってきたよ。

【広がる鎌倉の生き物】
○もっと鎌モンと出会いたい㉓～㉘
・校庭にも生き物はたくさんいるよ。
・休みの日にも見たよ。・上流へ行こう。
・鎌モンカードを作ろう。
・鎌倉メダカって知ってる？
・あの川にはもういないよ。
・見付けた人がいたよ。・私たちも飼いたい。
・他の生き物もいるから無理だよ。
○生き物の情報を集めよう㉙～㊳
・鎌倉メダカを育て続けた人の話を聞こう。
・絶滅ってどういうこと？　・増やしたいな。
・みんな飼いたいと思っているんだね。
・私たちに飼えるかを聞いてみよう。
・飼っている人の想いを感じたね。
・飼えることができた。・里親制度って？
・お寺の池の水を抜くから見に行かない？
・川の調査をするから見に行かない？
・どんな生き物が出てくるかな。
・みんなに知ってほしいな。
・メダカを育てた人にも報告しようよ。
○今まで出会った鎌モンを整理しよう㊴～㊹
・たくさんの生き物と出会ったね。

> 本時㊶
> ○今まで出会った鎌モンを整理しよう
> ・どんなことを伝えよう。
> ・これから飼っている生き物をどうする？

○生き物の未来を考える㊺～㊿
・学習発表会では伝え切れなかったよ。
・みんなにもう少し伝えたいな。

教師のストーリーデザイン

・町探検で入ることができる川を発見。
・宿泊学習でもっと磯活動をしたかった。
・捕まえてきた虫がどんどん教室に増えていく。
・鎌倉メダカが発見された民家の方の孫にあたる子供が本校に通っている。

I	主体的な学びのプロセス－① 近くを流れる川にいる生き物を連れてきて飼う中で、自らの課題を見付ける。
II	対話的な学びのプロセス 課題を解決するために、必要な情報を本や人に聞いて集めて分かったことを共有し、自分たちの考えをつくる。
III	深い学びのプロセス－① 各教科の見方・考え方を総合的に活用し、話し合いをしたり生き物を飼育したりする。
IV	主体的な学びのプロセス－① 自分たちの課題に対して見通しをもち、解決方法を考える。
V	対話的な学びのプロセス 友達や専門家の考えなどを参考に、課題に対する自分たちの考えをつくる。
VI	深い学びのプロセス－② 学んできたことを総合的に活用し、話し合いをしたり生き物を飼育したりする。
VII	主体的な学びのプロセス－② 自分たちの学びを意味付けたり価値付けたりして、自己変容を自覚する振り返りを行う。

期待する子供の姿

生き物を最後まで育てようよ。これから先も生き続けるようにしたい。
もっと生き物や自然の世界を知りたいな。

実践編　第2章　113

授業展開

本学級では、「ふしぎ」をもとに話し合いを行い、新たな「ふしぎ」をつくるスモールステップを意識した探究的な学習に取り組んでいる。各教科の学びや行事などの活動から出てきた「ふしぎ」をつないでいくことで、少しずつ大きな問い（学習課題）を浮かび上がらせ、「やりたい」「なりたい」を実現していくことで、わくわく感（学びに向かう力）につなげていくことをねらいとした。

［探究１］「あの川の生き物が友達に」

生き物と仲よくなりたい　　　　　　　　　　①～⑩

本単元の導入では子供の思いや疑問から学習活動をつくり、解決しようとする中で大きな問い「生き物と仲よくなるってどういうこと？」を設定した。まずは社会科の学習で発見した近くの川に生き物がいるのか調査に向かった。実際に生き物を見付けると今度は連れて帰りたいという子供たちの想いが強くなった。ここで「生き物をすぐに帰す」という子供たちと、「長く一緒にいる」という子供たちに意見が分かれ話し合いを行った。ここでは国語科の話し合いの単元での学習を生かした展開とした。「なるべく捕まえないことが生き物にとってよいこと」という意見が大半だったが、話し合いを進めていくうちに「本当に生き物や自然と仲よくなるにはなるべく長く一緒にいたほうがよいのでは？」という意見が出たことで、教室で生き物を飼うことが決定した。ここで、「捕まえる」という言葉はおかしい。仲よくなりたいんだから、「連れてくる」「友達になる」という言葉はどうだろうという提案がなされた。ここから、鎌倉の「いきもん」を集める学習「鎌モンGO！」がスタートした。生き物と友達になることが由来である。「生き物と仲よくなるとはどういうことだろう」子供のつぶやきから生まれた大きな問いだった。

仲よくなる方法を調べよう　　　　　　　　　⑪～⑮

実際に飼いはじめると、水槽の数が足りないことが問題となった。生き物を種類ごと分けていく必要があったからである。そこで「用務員さんがお世話をしてくれている水槽で、使っていないものがあったから、貸してもらえないかな」と子供たちが動き出した。また、生き物の名前や飼い方が分からなかったので、水族館の人に聞くことを子供たちは考えた。ほかにも、地域の図書館を利用したり、理科の先生に道具を借りたり、内外リソースの活用を意識した。

活動の様子

ふしぎのタネがつながる
子供のふしぎと、各教科等の学びとのつながりを掲示する。

川から生き物を連れてくる
今まで通っていた川を認識し、そこに生き物がいることを認識する。

内外リソースの活用
水族館に行き、生き物のことについて情報を集める。

鎌モンGO！ **単元名**

活動の様子

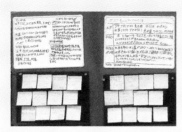

飼い方のまとめ
まとめたことをみんなで見合って、互いにアドバイスをする。

鎌倉メダカを飼っている人に聞く
新たな生き物の情報を集めてから次の行動を考えたいと声が挙がる。

地図上で整理する
今まで出会った生き物を可視化して振り返る。

仲よくなる方法を整理しよう ⑯〜⑱

自分たちが調べてきた「上手に飼う方法」や自分たちなりの「仲よくなる方法」を出し合い、表にして整理した。

上手に飼ってみよう ⑲〜㉒

整理したことをもとに、水かえを行ったりエサやりの方法を決めたりして実際に生き物の環境を整えた。水の中に手を入れ水槽を洗ったり死んでしまった生き物を埋めたりする子供の行動が徐々に全体に広がることとなった。

[探究2]「広がる鎌倉の生き物」

もっと鎌モンと出会いたい ㉓〜㉘

「校庭の生き物探しや上流や下流にも行ってみたい！」と意見が出ると、活動場所を広げ様々な生き物に会いに行く活動がはじまった。その中に鎌倉メダカがいた。

生き物の情報を集めよう ㉙〜㊳

「鎌倉メダカの情報を集めたい」と子供たちが言い出した。鎌倉メダカとは、かつて滑川水系に生息していた固有種である。自然界では絶滅したが、今回の学習で出会った方が、以前田んぼの近くから採取していたため生き残っていたことが確認されていた。メダカの飼い方を教えてもらいにうかがった際、メダカに「人の目は向けるが、手は加えず」という自然観を聞いた。自分たちになかった考えである。

子供たちは出会った専門家の人たちに「生き物と仲よくなるとはどういうことか」を自主的に聞いていた。

今まで出会った鎌モンを整理しよう ㊴〜㊹

今まで出会った生き物を地図上に整理しながらまとめてみると100種類以上の生き物の名前が出てきた。自分たちの学びに自信をもつとともに、鎌倉メダカが自然界から姿を消したことなどを再確認した。そして飼っている生き物たちを今後どうするのか話し合った。

生き物の未来を考えよう ㊺〜㊿

出会った生き物をカルタにしようと子供たちは言い出し特徴をまとめた。そして学習発表会で全校に向けて自分たちの実践を紹介した。また、飼い続けることになった生き物のことをみんなに知ってもらおうと看板を作ったり、未来へのメッセージとしてそれぞれの想いを冊子にまとめたりして、お世話になった人たちに渡した。

おわりに
附属鎌倉小学校　研究とその魅力

横浜国立大学教育学部附属鎌倉小学校副校長 河村卓丸

　　子供は、一人ひとりが幸せを求めよりよく生きていこうとする存在であり、尊重される権利を有しています。本校では、子供自身に自己存在感を抱かせるとともに人格の形成を図ることを教育の目的としています。

　　学校は、人と人との信頼関係を基盤として、教師・子供が相互に関わり合い、表現し合い、学び合う共同体です。私たちは、附属鎌倉小学校の伝統と文化を踏まえ、子供たちの生涯にわたる学びの基礎を培うとともに、教師が創造性豊かに教育実践を行える学校を目指します。

　これは、本校「教育計画」の冒頭に書かれている、20年以上ほぼ変わらない巻頭言です。私たちは、この「能動的な学習者観」といえる子供観を根底部分で共有しています。「学習の主体者は学習者である」「子供の学びは子供のものである」という当たり前のようなことを確認し合っているのです。強制したり注意したりしなければ学ばないと考えるのではなく、本来、子供は学びたがっているのだと考えます。子供は是正や改善される存在ではなく、大切に育まれるべき存在なのです。

　この20年を振り返ってみますと、本校は、「心の育ちを願う総合学習〜ひらかれた人・空間・時間の中で〜」（明治図書出版、1998年）、「こんな学校っていいな—『心の育ち』を支える私たちの学校システム—」（東洋館出版社、2004年）を出版しています。横浜国立大学教育学部の附属小学校として、研究紀要を毎年のようにまとめていますが、出版本の刊行は今回で3冊目となります。

自ら対象に関わり、仲間と高め合いながら、意味や価値を
追求する活動を通して、自立に向かう子
◇主体的思考をする　◇共感的感情をもつ　◇創造的行動をとる
「なりたい自分」を夢みていますか？

　本校の学校教育目標は時代に即して幾度も形を変えてきました。今年度も一部改訂をしました。今、私たちは、研究を含めた本校の教育全てを「自立に向かう子」という言葉に収束させています。この「自立に向かう子」を学校教育目標に掲げたのはここ数年のことです。しかしながら、前出2冊の出版本に共通して「自立した人間として創造的な生き方ができ、よりよく自分を生かそうとする姿」をこれからの時代をつくる人の姿として考えてきました」と書かれているように、「自立に向かう子」は、本校に脈々と流れ続けている究極的な「願う子供の姿」なのです。

　過去から未来へ、本校の研究はシンプルです。「子供が主役」ということに尽きます。授業は設計された物を正確に遂行していくのではなく、子供の思いや願いに即して、縦横無尽に彩りを変えながらデザインされていくものとなります。あらかじめ敷かれた線路の上を、教師が先頭機関車となって爆走していくのではなく、子供自身が周りの人々と相互に作用しながら歩みを進めていくのです。教室は、「自分の

声で授業が変わる…言っていいんだ」「自分の考え、みんなの考え…違っていいんだ」という共同的な学びの空間となり、授業はその集団独自の進化発展を見せることになります。

　さて、本書では学習指導要領について詳しく書かれています。その中で、今回の画期的な改訂の一つとして、教育課程全体を通して校種や教科の違いを越えて「3つの資質・能力」の育成を目指すよう再整理を図ったことが挙げられます。その3つについて一つ一つ見ていきたいと思います。

　まず、生きて働く「知識及び技能」の習得については、何を覚えたかという狭義のものではないのはもちろんのことですが、学習活動によって直接習い得ることができるものと考えられます。しかし、未知の状況にも対応できる「思考力、判断力、表現力等」の育成については、1時間の授業によって簡単に身に付くものではなく、それ自体を目的にした授業が行われるというよりも、経験や一連の流れの中で育て上げていくものと考えられます。さらには、学びを人生や社会に生かそうとする「学びに向かう力、人間性等」の涵養については、長期的に、アイデンティティとも呼べる自分の在り方や生き方と密接に関係しつつ、価値観や視座といったものを構成していくことになります。

　この、子供に求められる「3つの資質・能力」は、本校にとって大きな意味をもっており、本書の刊行の動機にもなっています。密接に関わりながらも時間軸の異なる3つの構造、そして「人間性の涵養」は「自立に向かう子」を vision とする本校の研究と同調するものであると考えます。

　「子供が主役」と言っても、それは、子供が勝手気ままに言動を重ね、右往左往するものではありません。学校には、社会的な集団を構成する他の子供、そして子供に多大な影響を与える教師の存在があります。子供が「やりたいこと」と、教師が「やりたいこと」は同じではありません。そして、教師には「やらなければならない」こともあります。私たちが「授業デザイン研究」と呼ぶ授業づくりは、子供の内面を見つめ、各々の違いを摺り合わせながら、子供（たち）が進むべき道筋を模索する営みです。子供の成長を丸ごと見つめていこうとする私たちの教育観は、「3つの資質・能力」と同じ方向にあると考えます。

　しかしながら、残念なことに教師は、「教えられて覚えることのできる知識・技能の習得」については自分自身たくさん経験しており実践も重ねているが、それ以外の部分については得意とは言えない、何をどうしたらよいのか自信がない、というところが実際なのではないでしょうか。本校は附属学校である利点を生かし、このような現状を打開すべく、「内容・伝達、受信・一方通行、労働・トレーニング」といった枠組みから脱却した教育を行おうとしています。この信念をもった取組の継続が、本校の伝統と文化になっているのです。

　そしてもう一つ、校種にかかわらず「3つの資質・能力」に統一したことは、即ち、子供だけでなく教師を含む大人にも「3つの資質・能力」が求められるということになります。その内容や質やレベルは違っていても、大人だから完成した存在ということではなく、子供だから未熟な存在でもないという、これも当たり前のようなことが確認されることにより、「学び続け成長し続ける教師（大人）像」が浮き彫

りになってきます。学校、家庭や地域を含めて、「自立に向かう子」は「自立に向かう教師（大人）」と共に育まれるのです。

　ありのままの子供たちと向かい合い、思いや願いを見つめること。教師の願いを表し、教師のあるべき姿はどのようなものか。「自立に向かう子」を育むために、どのようなことを考え、どのようなことを準備し、どのように創っていくべきなのか。そしてそれが、どのような子供の姿に表れているのか。本来学校や教師が取り組むべき真正な教育に真っ直ぐに向かうことができる、それが本校の魅力だと思っています。子供たちと笑い、真剣に悩み、相談する教師の姿がここにはあります。

　ここまで進むことができましたのは、諸先輩をはじめ多くの先生方のご指導によるものと深く感謝しております。私たちは「授業を通して」「子供の姿で」教育を語り合いたいと思っています。ぜひ、公開授業や研究会にご参会賜り、皆様の忌憚のないご意見をいただければ幸いです。

附属鎌倉小学校研究本
―発刊にあたって―

横浜国立大学教育学部附属鎌倉小学校　校長
木村 昌彦

　この度、長年の研究活動の成果を集大成し本書を発刊することになりました。今回の刊行に際しては学校内で様々な意見をまとめてきました。本校には国立大学附属学校としての使命の一つに実験的・先導的な教育課題への取組（地域における指導的・モデル的な学校）があります。その使命を果たすためにもこれまでの研究を本にまとめて出版すべきだ、あるいは大学の附属という環境下で汎用的に用いられない授業実践ではいかがなものかなどの様々な意見が出されました。

　最終的には、我々が目指す教育研究は地域に還元し現場で用いられることのできる実践研究を常に検討してきました。その研究業績成果を書籍としてまとめて多くの皆さんと考えを共有したいとの思いで刊行に至りました。

　本校は平成24年からVISIONという概念を打ち立て子供たちになりたい自分を追求する「自立に向かう子」を目指した学びの追求と創出を実践してきました。内容としては単なる教科研究に留まらず実践的なプロセスを生み出すものを検討し研究してきました。周りの多くの方々が共鳴していただけるような身近な題材を用いて進めてきました。現実からかけ離れた研究ではなく、現場で使いたくなるような実践研究を発表し地域に還元し現場で用いられることのできる実践研究を常に検討してきています。

　その根幹として教師には絶えることなく様々な教育課題が課せられます。そして、その難解な教育課題の理解や解釈が必要となってきます。我々は地域の仲間たち（先生方）に対する翻訳者の役割を担っていると思っております。例えば海外の洋画を日本語字幕で観ていると、時々思いもかけない素敵な言い回しが出てくることがあります。中には突拍子もない意訳に凝りすぎたあまり、実際のセリフと字幕で内容が全く変わってしまうことがあります。しかしながら、直訳では伝わりにくい表現が意訳されることによって見る人に共感を与え、名言と呼ばれるようになることもあります。

　私たちは様々な教育課題に対して内容に沿ってわかり易い事例を用いて多くの仲間たちと情報や学びを共有していきたいと考えております。今回の発刊に際して我々は多くの教員仲間に対しての翻訳者の一翼を担いたいと思っております。

　変革期において子供たちの身に付けるべき資質や能力あるいは教員に求められる資質・能力は大きく変化しています。このような状況下において本校の研究目標としている「自立に向かう子」という学校VISIONを基に授業に反映していったらよいのかを「授業デザイン」という視点で研究活動を進めてまいりました。

　従来の研究活動をさらに深め、次へのステップへ移行するために学年、教科そして全体の研究会さらに附属鎌倉中学校と小中研究会を重ねてまいりました。そして課題から導き出された実践を書籍として発行することで、さらなる教育実践研究の前進発展を追求し研鑽を積んでいく所存です。

　今後とも授業デザイン研究、そしてこの書籍を通して、皆様からのご指導、ご意見をいただければ幸いと存じます。

鎌倉発！

「深い学び」の
カリキュラム・デザイン

2018（平成30）年 6 月25日　初版第 1 刷発行

編著者　澤井陽介
著　者　横浜国立大学教育学部附属鎌倉小学校
発行者　錦織圭之介
発行所　株式会社　東洋館出版社
　　　　〒113-0021　東京都文京区本駒込5-16-7
　　　　営業部　電話 03-3823-9206／FAX 03-3823-9208
　　　　編集部　電話 03-3823-9207／FAX 03-3823-9209
　　　　振替　00180-7-96823
　　　　URL　http://www.toyokan.co.jp
装　幀　中濱健治
印刷・製本　藤原印刷株式会社

ISBN978-4-491-03545-1　Printed in Japan

JCOPY ＜㈳出版者著作権管理機構　委託出版物＞
本書の無断複写は著作権法上での例外を除き禁じられています。複写される場合
は，そのつど事前に，㈳出版者著作権管理機構（電話 03-3513-6969，
FAX 03-3513-6979，e-mail：info@jcopy.or.jp）の許諾を得てください。